文史哲學集成

王初慶著

# 中國文字結構析論

文史哲出版社印行

國家圖書館出版品預行編目資料

中國文字結構析論 / 王初慶著. -- 四版. -- 臺北市：文史哲, 民78
面：公分. -- (文史哲學集成 ; 42)
參考書目：面
ISBN 957-547-249-7(平裝)

1.中國語言 － 文字

802.2　　82006190

# 文史哲學集成 ㊷

# 中國文字結構析論

著者：王初慶
出版者：文史哲出版社
登記證字號：行政院新聞局版臺業字五三三七號
發行人：彭正雄
發行所：文史哲出版社
印刷者：文史哲出版社
臺北市羅斯福路一段七十二巷四號
郵政劃撥帳號：一六一八〇一七五
電話 886-2-23511028 · 傳眞 886-2-23965656
實價新臺幣 三六〇元
中華民國六十九年六月初版
中華民國七十八年十月四版
中華民國八十六年九月四版四刷



ISBN 957-547-249-7

# 自序

從動筆開始，前後大約費了兩年的時間，如今這份初稿總算告一個段落。如果從在紙片上陸陸續續著錄心得開始算起，還要早些時候。其實，眞正的難處在於下筆以前對資料作分析及綜合時，往往有不知所以取裁之感；是以寫作的過程，時斷時續，拖了不少時間。當初看到許多文字學的著作，或多談字例而於六書略略帶過，或廣泛地蒐集六書異說以爲論證而不及字例，又或多談古、籀、篆、隸變化的歷史而少談變化的現象。這或許出於前輩學者認爲不論之處是理所當然，不必贅言；而私衷以爲，只談理論與僅說個別的字例，對全面了解文字的結構是不夠周詳完備的，對掌握文字來說，總是一件憾事，因而引起了撰寫這份稿子的動機。

要了解中國文字的結構，必須先從六書作入手處，就我的學識，想要做這樣的工作，似乎是有些妄想；但是想到由於六書本身名稱紛歧，次序難定，條例晦昧，甚至引起一些人有「六書不宜輕談」的想法，又不自量力的想要突破這個瓶頸。所以這份稿子除了前後討論字形的起源、變遷的脈絡和發展的情況外，大部分的重心都放在六書的部分。無可諱言的，以六書來分析文字的結構，完全是出於主觀的辨識——是以不同的文字學書籍對六書例字，往往有參差的地方，尤其以象形和指事、會意兼聲與形聲的差別爲最——但是在主觀之外，是否可以從文字本身的結構中去找一些客觀的標準與原則，以期將主觀的成分降至最低呢？更何況六書本來就是歸納既有的文字而來。

數年前，在筆者進行「春秋左傳杜氏義述要」一文時，曾蒙靜山師不棄，在綱要上多所指導，獲益良多；然在這份文稿寫作中，不期戴師竟歸道山。但是戴師的「中國文字構造論」一書，澄清了不少疑慮，這是要特別提出來的。

對於六書研討的資料汗牛充棟，由於顧及到篇幅及條理的簡明清晰，文中所徵引的資料僅以與主題的辨正或說明相關者爲原則。尤其在轉注與假借通釋中，只是循著如何說明這二書眞貌的脈絡着手；爲了避免觀念的混淆，把大多數的異說都拋開了。好在其他的文字學書中大部分都有著錄，讀者如有興趣，隨手都可以找到這些學說來參考的。本書析論六書，先釋名以定界說，然後再談相關的問題。有些看法雖然不出前人窠臼，但是試圖把原因仔細的說明，却是筆者的一項嘗試。文中在每一書正變各例下所舉的例字，僅是幾個代表性的範例，由於筆者粗淺的古文字學知識，對這些例字的辨識，務期其說有自，往往不憚煩的用了不少前輩時賢們研究文字的成果。但願有興趣的讀者，能根據本書所析論的分類原則及例證，引出其他相關的例字來。研討文字，除了追溯字形的本然以外，了解文字孳乳演化與繼續發展的方向也是很重要的一環。而假借、轉注、形聲三書與六書之外的引申，對於文字的孳乳演化有莫大關係；透過了假借的三變及轉注的三期，文字才能逐漸地趨向穩定。在本書最後一章中，除了對六書的發展作了七項說明外，還擬了一個圖表，這圖表事實上可說是六書部分的綱領。

筆者撰寫時，本想以淺顯的筆法來說明中國文字的結構，使任何有興趣的人，都可以一窺文字的奧秘。完稿以後，似乎還是未盡理想，在其他方面，恐怕亦復如此。大雅君子，幸勿見笑。

民國六十八年四月二十日王初慶序於輔仁大學中國文學系

# 中國文字結構析論　目錄

# 第一章　緒論

## 第一節　釋名

談文字的結構，必須先認識什麼叫做文字。依照鄭樵的解釋：「獨體爲文」，也就是說：「文」是一個不可分割的獨立整體，所以許慎說：「依賴象形故謂之文」。凡是描繪物類或事類的形，所造成的單純形體都叫做「文」。例如「鳥」是描繪鳥形的象形文，「亼」是描繪集合之事的指事文，都不可以再去割裂。鄭樵又說：「合體爲字。」（註一）指出「字」是由二個或二個以上的「文」所組成的結合體，是以許慎說「其後形聲相益，卽謂之字」。譬如「苗」是生長在田裡的艸，由艸與田結合而成，「公」是表示背棄自私的行爲，由八與厶結合而成，都是形加形造成的會意字。「松」以木形加公聲而成，「河」以水形加可聲而成，都是由形加聲造出的形聲字。許氏所以名其書爲「說文解字」，在於「文」既爲不可分的獨體，說明其字形的由來卽可，而「字」既爲合體，就需要進一步來解析形體的結構，命名是非常精審的。大體說，「文」肇造在先，而「字」是以文爲基礎，再逐漸併合演進而成的，所以對於獨體的「文」，或謂之字原、或謂之字源、或謂之字根、或謂之字原偏旁、或謂之偏旁字原、或謂之偏旁，或謂之初文（註二），都是要說明「文」的基本地位，因爲「文者物象之本，字者孳乳而寖多也。」

由文到字的發展，並不是一蹴可及的，章太炎說：

古文大篆雖殘缺，食頡初文固在許氏書也，於是刺取說文獨體，命以初文。其諸渻變及合體象形、指事，與聲具而形殘，若同體複重者，謂之準初文。言初者，謂其初始之作也；言文者，謂其有別於孳乳改易之字也；言準者，謂其半字也。（註三）

透過這樣的解說，我們了解到，由於半字中增體、兼聲及重複的現象再往後演化，乃有形聲相益的字出現，事實上，同體重複的半字，要嚴格的說，已經是以形加形的字了。

「文」與「字」既有如此分明的界線，而左傳中屢言「於文止戈爲武」，「於文反正爲乏」，「於文皿蟲爲蠱」（註四），許叔重更引之入說文說解，而「武」、「乏」、「蠱」字皆係合體之字，而非獨體之文；中庸也提到「書同文」的觀念，同樣包含文與字而言。顧亭林說：

三代以上言文不言字，李斯、程邈出，文降爲字矣。（註五）

到秦始皇二十八年瑯邪刻石誌功曰：「書同文字」。文字開始合稱。至呂不韋集門下士作呂氏春秋，書成自眩曰「有能增損一字者予千金」（註六），又以「字」作爲通稱，文與字也就混而爲一了。

文字最基本的功能在於作語言的紀錄。因爲語言受到時間和空間的阻隔，不能明確的傳示於異時異地，於是各種嘗試紀錄語言的方法因而產生；歷經結繩、八卦、書契（註七），至文字衍出之後，語言才算有了最精確的紀錄方式。但是文字也不是一朝一夕可以形成。在主觀條件上，固然是由於語言的缺陷而有其必要；在客觀的條件下，更在於外在的環境有所觸發，所謂「仰則觀象於天，俯則觀法於地」，「見鳥獸遞迒之跡，知分理之可相別異也」（註八），逐漸將圖畫簡單化、明確化，終成爲早期的象形文字，所以文字的直接祖先應是圖畫，這種現象可以說是「人同此心，心同此理」，非一人、一時、一地，而中外皆然的。由圖畫到文字演變的步驟，董同龢先生作了這樣的設想：

(1)最初用一幅畫，代表一件事，有些畫可以很複雜。

(2)圖畫漸漸的和語言發生關係，分用一個個單體的圖像，代表語言中一個個的單位（語詞）。

(3)一個個的單體的圖像，逐漸約定俗成的象徵化，筆劃標準化，成爲眞正的文字。（註九）

根據如是的意見，西方文字學者樂道的印第安酋長華布其（Wabojeeg）的墓碑及西伯利亞育卡契人（Yukaghirs）奧治巴（Ojibwa）的情書（註十），都可以說是由圖繪到象形文字的中間產物。

就中國文字而言，任何一個字必定具有字形、字音、字義三個要素。所謂「文字之奧，無過形、音、義三端：而古人之造字也，正名曰物，以義爲本而音從之，於是乎有形；後人之識字也，由形以求其音，由音以考其義，而文字之說備。」（註十一）無形就不能筆之於書，無聲則不能宣之於口，無義則不能施之於用，其相互的關係至爲密切。

文字學這個名稱，有廣義及狹義兩種內涵：廣義來說，包括了對字形、字音、字義三方面的探討；狹義來說，僅研究字形一方面的知識而言。在中國文學系的課程中，文字學一科僅指狹義的字形的探討，而將字音與字義另闢聲韻學與訓詁學二科來作專門的解說；雖然如此，這三門功課必須融會貫通之後，才能談到了解文字、掌握文字，進而應用文字。

## 第二節　治國學不論從任何方向發展皆不可捨小學

從漢書藝文志把有關三倉、凡將（註十二）之類的字書，列入「小學」類（註十三），附入經部以後，直到四庫全書，都把研究字形、字音、字義的知識稱為「小學」。清乾嘉以後，研究小學的風氣大盛，但是一直偏重在對古籍之探索，以期確定其字形、字音、字義，而恢復本來面目，却很少有學者能將研究的成果實際應用，以開創出新的局面。王師靜芝嘗說：清儒對小學的研究著有成效，可說在學術上打下了深厚的基礎，但是令人惋惜的是，一直沒有能夠在這基礎上建出大廈來。可說是很中肯的論斷。

就專治國學者而言，不論往那一方面發展，都不可捨棄小學。嚴格的說，「小學」這個名稱並不妥當，所以晁公武在郡齋讀書志中提出了「文字之學」的名稱。章太炎說：

語言文字之學，此固非兒童佔畢所能盡者，然名為小學，則以襲用古稱，便於指示，其實當名語言文字之學。（註十四）

經過了章氏的正名，文字的研究有了名實相符的稱謂。

一般言之，國學發展的方向有三：一曰義理、二曰辭章、三曰考據。（註十五）

## 一、義理

就義理來說，其旨首在了解先民遺留的思想，進而加以融通與發揚。但是古籍由先秦至今已流傳二千餘年。就字音的影響言之：文字是語言的紀錄，其間語言的變遷不知凡幾。就文字來說，又有語言和讀音之異，如「麥」字語音作「ㄇㄞˋ」，讀音作「ㄇㄛˋ」。加以古人用字不如後人來得精審，於是「經典通假字」就大量出現，所謂古音通假，指古人在著作時，往往取語言中音同或近的字來借代一個形義相異的同音字。例如：

蚤起，施從良人之所之。（孟子離婁下）

由於「跳蚤」的「蚤」和「早晨」的「早」字同音，所以古書中常以「蚤」來取代「早」字。

時日曷喪。（尙書湯誓）

害澣害否。（詩葛覃）

「時」爲「是」的通假字，「曷」與「害」都是「何」的通假字，其間音同或音近的關係，稍加推敲，即可了解。這樣看來，不先認識文字形音義的變遷，古書是難讀通的。

就字形的影響言之，由於古今時代背景及地域背景的變遷，在政治上有時又有領導者──如武則天──的刻意求變，於是又有古今字、繁簡字及異體字，陸續衍生。就歷代的字書所收的字數來看，秦時三倉才三千三百字，到了東漢說文解字，已經增加到九千三百五十三字，唐朝孫緬的唐韻有二萬六千一百九十四字，清朝的康熙字典有四萬七千零三十五字。雖然由秦至清，文字的字數由三千多發展到四萬多字，但是並不表示秦漢人對文字的使用不夠周備，即說文的九三五三字之中，已經有不少的冷僻字。且大學、中庸、論語、孟子中間總共才用了四千四百六十六字（註十六）。早期一個字往往除了本義以外，還包括了數個引申及假借的意思，在字形上自然要較爲精簡，到了後期，爲了別異，每一個引申及假借的意思都爲之孳乳出專字，再加上字形本身的變易，時代愈往後，因時空的差異，所產生的古今字、繁簡字及異體字就相對增加，逐漸衍出四萬多字，就無足爲奇了。

在先秦的典籍中，一個「辟」字往往就包含了「避」、「譬」、「僻」、「闢」、「嬖」、「躄」等好幾個後起字。以荀子爲例來看：

大略：「所以辟君也」楊倞注：「辟讀爲避。」——辟兼有後起字「避」的含義。

彊國：「辟稱比方則欲自並乎湯武。」楊倞注：「辟讀爲譬。」——辟兼有「譬」字的含義。

成相：「邪枉辟回失道途。」楊倞注：「辟讀爲僻。」——辟兼有「僻」字的含義。

議兵：「辟門除涂。」楊倞注：「辟讀爲闢」。——辟兼有「闢」字的含義。

儒效：「事其便辟。」楊倞注：「辟讀爲嬖。」——辟兼有「嬖」字的含義。

正論：「不能以辟馬毀輿致遠。」楊倞注：「辟與躄同。」——辟即後之「躄」字。

由於「避」、「譬」、「僻」、「嬖」、「躄」等字都是後世由「辟」字的假借義去孳乳分化而衍成的專字，對「辟」字而言，就叫作古今字。其他如責與債、舍與捨、弟與悌、閒與間、說與悅、知與智、反與返、嘗與嚐等，或由引申孳乳，或由假借孳乳，都是逐漸爲別異的緣故而衍成的古今字，在古籍中，這種現象不勝枚舉。今天被認定爲本字的，反而是後來發展出來的。

異體字與古今字的分別是：異體字指兩個（甚或兩個以上的）字意義完全相同，在任何情況下都可以互相代替：例如弃與棄、睹與覩、詒與貽、諭與喻，在使用時是無分軒輊的。而古今字則由於古今字義的廣狹有異，是否能夠互相代替，要從文句的含義推敲後才能決定的。如漢書功臣表「不絕如綫」下晉灼注曰：「綫，今線縷字。」段玉裁云：「蓋晉時通行線字，故云爾。許時古線今綫，晉時則爲古綫今線，蓋文字古今轉移無定如此。」事實上，線與綫既可或古或今，當然是異體字最好的例子。古今字和異體字之間都是由轉注的關係發展而成的。換句話說：今字是古字的轉注字，異體字是本字的轉注字。

王協在古漢語通論中列出了異體字的成因：

一、會意字與形聲字之差。如「泪」是會意字，「淚」是形聲字。

二、改換意義相近的意符。如從攴束聲的「敕」，變成了從力束聲的「勅」。從欠的「歎」變成了從口的「嘆」。從糸的「絝」變成了從衣的「袴」。

三、改換聲音相近的聲符。如「綫」從戔得聲，而「線」却從泉得聲了。「袴」從夸得聲，後來改成從庫得聲了。

四、變換各部分的位置。有的是改變聲符和意符的位置。如「慚慙」、「和咊」、「鵝䳘鵞」等。

有的只是改變了聲符或意符的寫法，如「花」又寫作「苍」。在異體字中，凡是不被字書所承認的，又稱作俗字。

文字的結構太過複雜了，希望能夠簡化，是人同此心，心同此理的。但是當簡單的早期文字包含了太多的引申、假借義，以致意義不夠明確時，又要求將字形繁化——前面所提到的由孳乳產生的古今字就是繁化最好的例證。在由繁而簡、由簡而繁兩種狀況齊頭並進之下，形成了「繁簡字」。古今字中的今字，幾乎都是由繁化產生的形聲字或會意兼聲字。而異體字中有許多就是由簡化產生，如說文有「淚」無「泪」，泪字見於明梅膺祚字彙，很明顯的是後起簡化字，其他如簡化「竊」為「窃」，簡化「竈」為「竃」、「灶」，都是今日手頭仍在使用的簡體字。到了魏晉以後，繁簡字愈來愈多，由此我們也可以意識到，文字是活的。所以文字演化的軌跡也是永不止息的，但是由於這種演化只是漸變，透過了約定俗成的關係，慢慢著於人心，不去深究是體會不出來的。漢俗儒把漢隸視為倉頡時書，以為「父子相傳，何得改易」，也就是這個原因。

就字義的影響言之，任何一個字都可以具有本義、引申義和假借義三層寓義。「本義」是文字造字時本來的意義。「引申義」則是從本義擴充推衍而來。如說文訓「主」字為「鐙中火主」，引申為主體、主人、君主等意義，「道」為「所行道」，「一達謂之道」，引申為道理，道德。而「假借義」與本義完全無關，起於造字時遇見不好造或無法造的字，由於語言中有其讀音，於是在書寫時用一個已經造好的同音字來取代。正宗的假借字既然起於本來沒有造字，而襲取了已造好的同音字的字形，所以是沒有本字可求的。後來或由於別異的關係，替假借之義另造新字，或由於前面說到的「經典假借字」在約定俗成之下，也被當作了假借字，才有假借字的「本字」出現。

以「舍」字爲例來說：

儀禮覲禮：「天子賜舍。」鄭注：「猶致館也。」

左傳莊三年：「凡師一宿爲舍，再宿爲信，過信曰次。」

左傳僖廿三年：「其避君三舍。」賈逵注：「凡九十里也。」

論語雍也：「山川其舍諸。」邢疏：「舍、棄也。」

左傳哀十二年：「乃舍衞侯。」杜注：「舍音捨，釋也，又音赦。」

說文訓舍字爲「市居」，覲禮之舍字正其本義。而由居舍之意引申爲師旅之一宿，而由師三十里而宿的意思去推衍，三舍自然就是九十里的距離了。至於舍棄之舍，今作「捨」，就與本義毫不相涉，是舍的假借義，而捨是由假借孳乳的後起本字，赦免之義又是由捨棄的意思再推申而出的。由假借義之上也能再擴充推衍出引申義，這是我們在認識字義之先，也是不可不知的。

許叔重說文敍云：

文字者，經藝之本，王政之始，前人所以垂後，後人所以識古，故曰本立而道生，知天下之至嘖不可亂也。

陳第毛詩古音考序說：

時有古今，地有南北，字有更革，音有轉移。

戴東原爾雅注疏箋補序曰：

文字之鮮能通，妄謂通其語言；語言之鮮能通，妄謂通具心志。而曰傳合不謬，吾不敢知也。

如果不以文字學的知識爲基礎，從形、音、義上探討古籍的本來面貌，古書又從何讀起呢？更遑論思想之傳遞及發揚。

## 二　辭　章

中國文字的特色在於單音節及單形體。固然在語言當中是以詞爲最小的單位，有單詞與複詞，所以在唐蘭的中國文字學一書中大不以單音節之說爲然。但是寫成文字，每個字只代表一個音節是無可否認的。由於單音節，所以每個字都可以和其他的字聲相比附，以同聲相應，以異音相從，一經一緯形成了聲調上的鏗鏘。由於單形體，所以能造成詞性的對仗，句法的整齊或錯落，歷代的韻文所以能造成聲與形的特色，令人爭相傳誦，甚至於一時之間洛陽爲之紙貴，都是建築在同樣的基礎上的。

就韻文言之：往上溯要欣賞歷代的詩、詞、歌、賦等叶韻的作品，如不通聲韻文字，就無法誦讀。朱子在註詩經的時候，就常常要改習見的音讀以求叶韻。到清儒更以詩經作爲材料，以探討古音韻，其道更得以大明。楚辭的情況亦然，漢時朱買臣及九江被公都因爲善楚辭（註十七），能仿屈、宋大家以楚語、楚聲爲辭而受到賞識。時代愈遠，古今讀音的差距愈大。隋書經籍志云：

隋時有釋道騫，善讀楚辭，能爲楚聲，音韻清切，至今傳楚辭者，皆祖騫公之音。

這樣看來，正確音韻的難求，也應該是楚辭體式微的原因之一。往後開創，從新詩的寫作來談，新詩雖不如古詩律絕有格律的束縛，但是所謂「詩言志，歌永言，聲依永，律和聲。」新詩既以韻文形態出現，自不能捨棄形聲之美，試觀英詩之所以能動人傳神者，亦無不在聲調之鏗鏘與聲韻的叶和。將詩人的情懷，精練的用文字表露出來，自然能朗朗上口，傳誦一時。如此說來，也不得不以認識、掌握、應用文字爲首功的。

就散文言之，如何求用字的精審，字句的洗練，文義的順暢，在在都要以文字知識爲基礎來斟酌損益。所謂：

人之立言，因字而生句，積句而成章，積章而成篇。篇之彪炳，章無疵也，章之明靡，句無玷也；句之清英，字不妄也。（註十八）

韓文公也說：「凡爲文辭，宜略識字。」（註十九）江淹恨賦、別賦之動人心弦，韓愈、賈島作詩之推敲苦吟：「眞積力久則入」，自成大家。

## 三　考　據

考據之用，在於對古籍的形、音、義及歷代的典章制度及名物加以研究，一一考核辨正，找出證據，恢復其本來面目。由這種努力，一則可以由了解古籍，進而作爲義理與辭章發展的依據——前文所擧的古今字與通假字、引申義與假借義的例證，就是前人考據的結果。一則可以利用早期的文字資料和經史之文獻資料互相印證，來考證古史的眞僞。

中華文化歷史悠久，號稱五千年。但是書經始自堯典，却爲後人所誌，詩經雖有商頌，又是春秋時宋人祭祀祖先之作品；於是或有對早期的古史持懷疑論者。但是自中央研究院史語所於民國十九、二十年間在山東歷城縣龍山鎭城子崖掘出黑陶文化遺址，曾發覺有陶文的資料，而龍山文化的時代約在西元前二五〇〇年至三千年，正好是五千年文化的鐵證。阮元積古齋鐘鼎彝器款識商周銅器說上云：

> 形上謂道，形下謂器。商周二代之道存于今者有九經焉，若器則罕有存者，所存者銅器鐘鼎之屬耳。古銅器有銘，銘之文爲古人篆蹟，非經文隸楷緐楮傳寫之比。且其詞爲古王侯大夫賢者所爲，其重與九經同之。北宋後古銅器始多傳錄，鐘鼎尊彝敦槃戈劍之屬，古詞古文不可勝識。其見稱於經傳者若湯之盤，正考父孔悝之鼎，其器皆不傳于今；然則今之所傳者，使古聖賢見之，安知不載入經傳也。

把鐘鼎銘文的地位與九經併提，而且阮氏在此書中就已經用經學與小學來解釋鐘鼎銘文，著有成效。鐘鼎文字的資料，也的確能澄清經書中一些爭議。屈翼鵬先生舉例說：

> 譬如尚書的康誥篇，左傳（定公四年），書序和史記，都說是周成王平定了武庚之亂以後，把康叔封在殷的舊地，建立了衞國。這篇康誥，就是成王封康叔於衞時的誥辭。歷代的經師們，大都相信這個說法。在清末以前，只有宋代的胡寅和蔡沈，懷疑它是周武王誥康叔的書。但康叔封於

衞時，武王早已死了，怎能再誥康叔？所以一般人很少相信胡蔡兩氏的說法。可是康誥裡誥康叔的人，既說：「孟侯，朕其弟，小子封。」又自稱「寡兄」。成王是康叔的侄兒，卽使他做了君王，也絕不應該爬高輩份，把叔父叫做弟弟，叫做小子，而自己冒充大哥！說經的人，以爲這是周公的口氣，所以他可以稱康叔爲弟。但康誥明明地說「王若曰」；周公雖然攝政，當時只把他叫做「公」，而不稱他爲「王」；這情形在各篇周誥的資料中，表現得很清楚。因此，這篇西周初年的重要文獻，究竟是何王封康叔於何地而作，便成了二千多年來不能解決的問題。

傳世的青銅器有「康侯鼎」，它的銘文只有六個字，就是「康侯丰作寶尊」，清末的金文學家劉心源，認識了丰（丰）就是「封」字，是康叔的名字。他又根據宋忠注解世本的說法，知道康叔初封於康，後來才徙封於衞。因爲他曾被封於康，所以稱爲康侯。顧頡剛由於劉氏這一說的啓示，曾說康誥是武王誥康叔之書，其事當在康叔封康之後；並且證明周易晉卦卦辭的康侯，也就是康叔。我在作尚書釋義時，由於兩家的啓示，從而悟到康誥乃是周武王封康叔於康的誥辭，並非在封於康之後。因爲是封於康，所以標題叫做康誥；武王是康叔的哥哥，所以誥辭中稱康叔封爲弟，而自稱爲寡兄。這樣，前面所說的那些矛盾，就都不存在了。（註廿十）

在甲骨文方面，王國維也由對甲骨文的研究進一步作經史的考證，而作先公先王考，先公先王續考，古史新證，殷周制度論等書；朱芳圃在甲骨學文字編以外，另作商史編。董彥堂先生根據甲骨文獻訂定殷曆譜，又考證出商代五期貞人的特色，都是考據上不可多得的成就。自西方科技文化東漸後，在考據上，可用文字作基礎，配合經科技斷定時代的出土古代文物資料，對先民社會、語言、文化的發展，有更進一步的體認。

## 第三節　文字本身的變易

在探討字形以前，必須先了解中國文字變遷的軌跡，文字演變到今日的楷書，非一朝一夕之故，近世有少數人僅據楷書論斷文字的形義，誠所謂「大惑者終身不解，大愚者終身不靈」，徒勞無功是必然的。

譬如說：有人以爲「矮」字由委矢二字組成，却代表短小的事物，「射」字由身寸二字組成，却代表張弓射箭，似乎是出於造字者的疏漏，以致二字相互倒置，就是只憑楷書爲說，不去探尋根抵，望文生義而引起的迷誤。「射」字甲骨文有等形，紂戟作，𡚬盤作，門紂甗作，描繪張弓抽矢，或用手張弓射箭的形態。說文的正字作「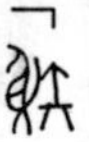」，重篆文作「」。羅振玉增訂殷虛書契考釋云：「諸字皆爲張弓注矢形，或左向，或右向，許書从身，乃由弓形而譌，又誤橫矢爲立矢，其从寸，則从又之譌也。」由這樣的一番探索，可知楷的「射」字由小篆隸變而成，而所从的身是因與弓相似而誤，寸則與又相似而誤，何來「其身如寸」之義呢？「矮」字不見於說文，徐鉉列爲新附字，解爲「短人也，从矢委聲。」以矢表示其人短小，用委來紀錄語言的聲音，造字的用意一目瞭然，跟射箭的意思是毫不相關的。如不顧文字本身的流變而憑私心臆解，那末「坡者土之皮」，「滑者水之骨」

（註廿一）等謬見，引爲千古笑談，自不足爲奇了。

要了解文字的變遷，最重要的工具書首推說文解字，許愼建立了以小篆爲中心的文字學系統，目的在於「欲人由近古以考古」。因爲小篆上承古籀，下開隸楷，由古文而籀文，籀文而小篆，一脈相承。而篆文因襲古文、籀文不變者多，大多數都保存了文字本來的結構，演變成隸書以後，易波磔爲平直，打散了文字的結構，這也就是學習中國文字特別重視對小篆的解析的原因。清代乾嘉之學大盛以後，尤其推崇說文，王鳴盛在說文解字正義中說：

說文爲天下第一種書，讀偏天下書，不讀說文，猶不讀也；但能通說文，餘書皆未讀，不可謂非通儒也。

更將說文的地位予以神格化。事實上說文的價値固然無可否認，但是並非全無可議者。由於許愼是漢朝人，對於古文、籀文的演化雖然已經有了概念，但是並不如近世有大批的甲骨文字及鐘鼎銘文可爲旁證，加之以一人之力辨析九千多字的形、音、義的結構，難免有疏漏之處。如說文夭部奔下云：「，走也，从夭賁省聲。」（註廿二）魯實先先生假借遡原說：「奔於石鼓文作見薛氏鐘鼎款識卷十七，及明錫山安國十鼓齋藏本，盂鼎作三代四卷四十二葉，克鼎作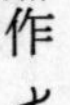三代四卷四十一葉，其從三走作者，以示疾走之義，猶人之疾言爲譶，鹿行超遠爲麤，兔疾爲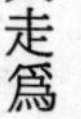，犬走爲猋，其作者，乃爲省體，所從三止文與卉相近，故說文釋爲从夭賁省聲。」又說文臥部監下云：「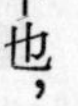，臨下也，从臥，䀄省聲。」徵之甲文有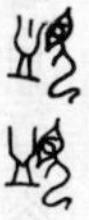等形，頌鼎作，頌壺作，頌壺蓋作，唐蘭說：「余謂監

字本象一人之於盆側，有自監其容之意，後世變爲監，又變爲監，其實非从臥从血也，其本義當爲視也爾雅釋詁云，後別爲『𥌃，視也。』又爲『覽，觀也。』引申之爲所監之器之名，金製則爲鑑，盛水則爲濫，至說文『臨下』之義則又視意之引申。」（註廿三）徵之於說文，另有：「𥌃，視也，从目監聲。」「覽，觀也，从見監，監亦聲。」「觀，諦視也。从見雚聲。」「鑑，大盆也，从金監聲。一曰鑑諸，可目取明月於水。」「鏡，景也，从金竟聲。」「濫，氾也，从水監聲，一曰濡上及下也。詩曰：『觱沸濫泉』，一曰清也。」數字，詳細追索，都是出「監」字引申孳乳而出，加目爲「𥌃」，增見爲「覽」，以強調視的意思；「觀」則是由覽字變監聲爲雚聲的新字。由於所監之器爲金屬製成，又加金成「鑑」，而鑑既由監推申而來，當然也包含有鑑的原意，所以說文又有「鑑諸」的別意；又改「鑑」字左形右聲爲上形下聲，則成「鑒」字，所以考工紀云：「鑒亦鏡也。」「鏡」字又是由「鑑」字易監聲爲竟聲而來。說文釋「濫」爲氾濫，其實氾濫是連緜字，僅有詞義而沒有字義，而「清」的意思則是由監中盛水衍成的新義。「監」以下的字，都是由「監」爲字根逐漸繁化孳乳而來，在經典中本只用一「監」字。要進一步說明，這些後起字都是「監」的轉注字，它們都是形聲字（依說文，覽字應列爲會意兼聲字），而由「監」字本身的結構來說，是一個會意字，並非从衉省聲。了解說文本身的缺陷，再利用古文字的資料爲輔佐，觀念才不會受到侷限。

文字除了在字形上屢有變易以外，在字義方面，也不可以拿時下楷書的形義概括一切。如今人謂小偷爲「賊」，指強刧爲「盜」。但是說文次部曰：「盜，厶利物也。从次皿，次，欲也，欲皿爲盜。」

很清楚的說出小偷偷盜的原因；戈部賊下曰：「賊，敗也，从戈則聲。」然於貝部敗下又曰：「敗，賊皆从貝會意。」所以段玉裁說：「是賊字爲用戈若刀毀貝會意，而非形聲也。」也很明顯的看出傷毀的意思。根據說文所載的本義來看，墨子兼愛上的「盜愛其室不愛異室，故竊異室以利其室。」「賊愛其身不愛人身，故賊人身以利其身。」所有的疑問都迎刃而解。在金甲文之學大盛以後，或有主張說文可廢者，則又是一偏之見，事實上，說文的成就是無法替代的。

文字既然是語言的紀錄，語言活生生的存在我們的生活當中，文字當然也應該是活的。當語言中的語音變化以後，文字的形體常常也連帶受到影響。如「鑑」字在語言中讀作「竟」聲以後，因而有從竟聲的「鏡」字出現，「父」字讀作巴聲以後，乃有從巴聲的「爸」字出現，都可以意識到文字是配合語言而發展的。「不薄今人愛古人」，是學習中國文字應有的態度。

## 第四節 治中國文字學的途徑

近世有系統研究文字學的書很多，不論書中所採取的觀點如何，內容大致可以分爲五個方向：一是說明文字的源起及字形的流變，二是探討文字孳乳變易的途徑，三是說明六書的理論及效用，並分別爲之舉例分析，四是探討許愼說文解字的內容、條例及價值，五是敍述歷代治文字學者的著作及成就（註廿五）。這五個方向，可以作爲研究文字學的範圍看。各家著作的詳略繁簡雖有不同，如能多所涉獵，亦能擴大知識領域，但是須先建立一條縱的脈絡以爲架構，然後取有關書籍彼此參校，融滙貫通，才能在架構之上化肉生肌，有所獲益。

鑽研文字學，當以理論與識字並重，但是較早期的文字學書籍，大多偏重在字形流變，六書理論，以及根據說文篆體、說解，依六書之正變各例介紹小篆。就六書理論來說，吾人卽使日書萬字，也未必需要將每一個字的結構都去分析探究，小篆又和今日所用的文字脫節，自然而然的，逐漸使文字學成爲一種枯燥而艱澀的知識。不過由六書及小篆着手，也可以貫串成一系列有趣而實用的知識。由於對六書的分析，了解形聲字大量產生的原因，以及轉注、假借與其他四書間的關係，轉注、假借、形聲之間的因果，對於古今文字的變化，自然能夠掌握。我們又能從六書的理論來辨別俗字的成因：如「鳳」字本來是象形字，作，由於讀不出聲音，因而加上凡的聲符作，變成了象形加聲的形聲字，隸變之後，易曲折爲平直，再如同化作用的結果，變作「鳳」字，而「鳳皇」是名詞，「皇」字在此是假借字，由於是鳥類，所以有寫成「鳇」字的（揚雄蜀都賦），變成了初有聲無形的由假借而加形之形聲字，但是寫成「凰」，只是爲了類化的原因，取了鳳字聲符的頭部附益在皇字之上，於六書是無理可說的。以小篆爲中心，往上追溯甲骨文、金文，去探尋文字的根源，並以匋文、錢文、鉨印以爲旁證，由下觀察隸書、楷書，推究文字的流變，也就能和目前習見的文字之形相互聯貫，尋求出文字繼續演化的方向。由於對於字根的分析——也就是形聲字的形符或聲符——對於由變易而造成的累增字，如豆與梪，支與枝，及由孳乳造成的分別文（註廿六），如由青而孳乳出清、晴、睛、菁、精等字，更能看出字義的變遷對於字形的影響，當然，對文字各方面的探討，都應以說文爲基本，再去配合歷代學者的研究成果，才不至於師心自用，創爲非常可喜之論。

文字的知識，不僅是讀古書、明經義的基礎之一，更由於對文字的探索，一則可以掌握我國文字肇造及變化的軌跡，追尋文字演進的原則，再則可以明瞭文字的特性與將來發展的方向。對文字有了深入的體認後，在創作上自能更上一層，作最優美與最有效的表達。它的功效，雖習焉不察，行焉不著，却是無所不在的。

註一：鄭樵通志總序云：「獨體爲文，合體爲字，……文字之本出於六書，象形、指事文也；會意、諧聲，字也；假借，文與字也。」

註二：唐李騰著「說文字原」，林罕著「字原偏旁小說」，宋釋夢英著「篆書偏旁字原」，清吳照著「說文偏旁考」，逐漸衍成偏旁學。又賈耽說文字原序云：「小學中獨許氏說文最爲首出，目錄五百四十，言衆字之根。」後世遂又有稱文作「字根」者。

註三：見章太炎文始敍例。黃季剛先生說文略說中更加以整理發揮，並爲之一一擧出例證。

註四：分別見於左傳宣十二年，宣十五年，昭二年。

註五：見顧炎武日知錄卷二十二。

註六：見史記列傳第二十五呂不韋傳。

註七：先民試圖紀錄語言的嘗試，許敍以爲是由八卦而結繩，再降及倉頡之造書契，而書契卽文字。然尙書僞孔傳序云：「古者伏羲氏之王天下也，始畫八卦，造書契，以代結繩之政，由是文籍生焉。」惟結繩僅能事大大其繩，事小小其繩，八卦却能進步到用符號代表不同的意義，其先後次序當以孔序爲正。又歷代多依許、孔之說，以書契爲文字，然蔣伯潛以爲書之本字作𦘠，甲文作[glyph][glyph]，又即手，[glyph]即筆，[glyph]或×是圓規的規，象徵繪畫，契字當作栔，說文解作刻。釋名云：「栔、刻也，刻識其數也。」王肅釋孔傳序「書契」一辭云：「書之於本，刻其側爲契，各持其一，後以相考合。」則書契僅爲以筆畫或以刀刻輔佐記憶的方式之一而不是文字。故以書契爲紀錄語言的嘗試之一。

註八：見說文解字敍

註九：見董同龢先生語言學論文選集「文字的演進與六書」一文。

註十：此二例均見英人葛勞德（Edw. Clodd）字母的故事（The story of the Alphabet）一書，中文本譯名爲「比較文字學概論。」

①印第安酋長的墓碑：華布其是一個著名的酋長，一七九三年死於大湖，他的圖騰馴鹿是顚倒的，他的名字意爲「白魚」，沒有記下。七條橫線表示他領導的七個戰爭部屬，三條向上的線表示他在戰爭中受到的創傷。有角的頭形物，說明與麋鹿的一場殊死戰。

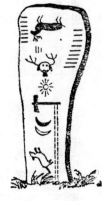

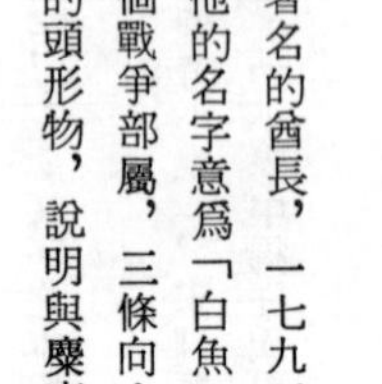

②奧治巴情書：本圖是一封寫在白楊樹皮上的情書，熊是女子的圖騰，泥鰍是男子的圖騰，用來表示發信者和收信者。曲線表示應走的道路，帳篷表示聚會的地方，帳篷裡面的人表示她在等候，後面三個湖泊指示帳篷的位置，旁邊三個十字，表示周圍住的是天主教徒。

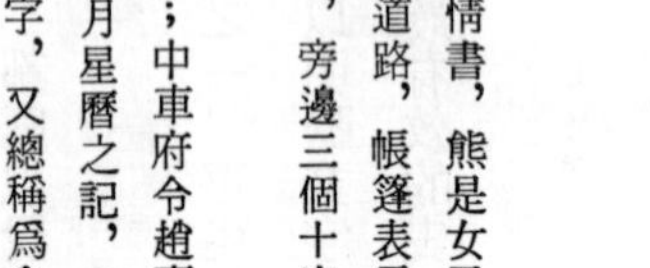

註十一：見王筠說文釋例自序。

註十二：秦時李斯作倉頡篇，計七章，爲文字之總彙；中車府令趙高作爰歷篇，計六章，爲獄吏之用；太史令胡毋敬作博學篇，計七章，爲日月星曆之記，合稱三倉。漢時閭里書師合三倉，斷六十字爲一章，凡五十五章，其三千三百字，又總稱爲倉頡篇。後揚雄作訓纂篇，凡三十四章，二千四十字，東漢賈魴作滂熹篇，亦爲三十四章，二千四十字。秦時之著作合稱前三倉，而漢之倉頡篇、訓纂篇、滂熹篇合稱後三倉。凡將篇爲司馬相如所著字書名。

註十三：漢志六藝略小學類敍：「古者八歲入小學，保氏掌養國子先以六書。」以爲文字之學是學童啓蒙的初步知識之一，後世因稱文字之學爲小學。

註十四：見國粹學報章太炎論語文字之學一文。

註十五：清儒戴東原、姚姬傳，曾國藩等人將國學分爲義理、辭章、考據三途，遂延用至令。

註十六：據王協古漢語通論(六)之統計。

註十七：見漢書列傳第三十四上朱買臣傳及列傳第三十四下。

註十八：見文心雕龍章句篇。

註十九：見王應麟困學紀聞卷八引李陽冰科斗書孝經後記。

註廿十：見南洋大學李光前文物館編文物彙刊屈萬里著「文物資料和圖書資料的互相關係」。

註廿一：王安石作字說，多以己意說文字，語東坡曰：「坡者土之皮。」東坡笑曰：「然則滑者水之骨也。」

註廿二：大徐本作貫省聲，段玉裁注本作卉聲。

註廿三：見唐蘭殷虛文字記。

註廿四：詩大雅蒸民：「天監有周。」鄭箋：「監，視也。」監卽「瞷」字。國語齊語：「以監其上下之所好。」韋昭注：「監，觀也。」又書酒誥：「人無於水監，當於民監。」監卽「鑑」字。大學：「儀監於殷。」毛詩作「宜鑑於殷」，皆爲古原僅有一監字之明證。

註廿五：以目前較常見的著作分析得此五個方向，但並非每一本書都具有此五方向。

註廿六：王筠說文釋例卷八：「字有不須偏旁而義已足者，則其偏旁爲後人遞加也。其加偏旁而義遂異者，是爲分別文；其加偏旁而義仍不異者，是謂累增字」。

# 第二章　字形的起源及其變遷

## 第一節　中國文字的起源

中華文化淵遠流長，一向號稱有五千年的歷史，但是從疑古的風氣大盛以後，對這種說法逐漸有了動搖，直到近世考古之學興起後，替我國文化的萌芽與流變找到了實證，總算是給這些懷疑論者以當頭棒喝。由甲骨文大量出土，固然可以證明商代時已有了非常完備的文字，不過要談到文字的起源，至少還要再往上推二千年。唐蘭說：

從文字本身說，我們目前能得到大批材料的，只有商代的文字，這裡包括了甲骨卜辭和銅器銘文。卜辭是盤庚以後的作品，器銘却只有少數可確定爲商末。商代文字裡還保存着很多的圖畫文字。……這些圖畫文字僅僅是局部保留下來的，並不是原始時期的，……在卜辭裡已經有了大批形聲文字，銅器文字也是如此。……形聲文字的產生，總在圖畫文字的後面。……我把有了形聲文字以後文字，稱作近古期，未有形聲，只有圖畫文字的時期，稱爲遠古期。那末我們所見到的商代文字，

只是近古期，離文字初發生時，已經很遙遠了。（註一）

因此，唐先生對中國文字的起源有如是的看法：

我們在文字學的立場上，假定中國的象形文字，至少已有一萬年以上的歷史，象形象意文字的完備，至遲也在五——六千年以前，而形聲文字的發軔，至遲在三千五百年前，這種假定，決不是夸飾。（註二）

董彥堂先生更用比較的方法來推測：

中國文字到了殷代，距離圖畫已遠了，造字的方法六書都有了，已完全演進到用線條寫生的符號了。殷代二百七十三年之間，干支字二十二個，可以說沒有太大的變化；從此以下到秦代的小篆，大約有一千年，干支字也可說沒有太大的變化。從殷代文字最晚的，向後推一千年，而無大變化，這是事實。據此以推，從殷代文字最早的，向前推一千年，難道就會有大的不同嗎？就不會是符號而是圖畫嗎？文化的進程，照例是先緩後急，後一個一千年，有春秋戰國社會的劇變，秦代統一文字時變化猶不過如此，前一個一千年內，是殷商前期、夏代、唐、虞二代。唐虞夏商，皆承平盛世，文字竟有若何大的變動，似乎是不可能的。所以由殷向上推，三百年以前不會是圖畫文字，五百年或一千年以內，也決不會是圖畫文字，這可以說是一個合理的推論。關於殷代的古文——銅器銘刻，確是原始的圖畫文字，我們就可以和埃及文、麼些文比較一下。埃及文至少使用了三千年，始終是圖畫；麼些文從創造到現在，算它一千年，也始終是圖畫，都沒有變成符號。

由此推斷，我們殷代的古文——原始圖畫文字，究竟是何時創造的？用過了多少年，以後才演變爲像甲骨文一樣的符號文字？這年代應該如何估計？埃及人用圖畫文字，三千年不變，麼些族用圖畫文字，一千年不變，我們中國人用圖畫文字，總不會創造了以後，馬上就改爲符號。算它用過一千年，就不能說多，再少，算它五百年。接上去殷虛文字的年代，一千年是符號，五百年是圖畫，這估計只有少不會多的。這樣算，殷虛的初年是西元前一三八四年，加上一五〇〇年，當爲西元前二八八〇年，大約距今四千八百多年。（註三）

民國以來，由於考古的發掘，先後發現了數批史前的陶文，使我們對漢字起源的猜測找到了部份證據。這些陶文計有：㈠西安半坡陶文。㈡山東城子崖陶文——民國十九年至二十年間，中研院史語所於山東歷城鎭所發掘到的黑陶文化下文化層。㈢河南偃師二里頭陶文。㈣小屯殷虛陶文——中研院史語所於民國十七年至二十五年在殷墟考古時所得。根據對這幾類的陶文年代、陶片數量和有字陶片的比例，幾種陶器上所刻文字的意義及其與甲骨文字的比較及字數的統計，李孝定先生說：

我們對漢字的起源，似可作以下的推測：A年代：已知的漢字，應推半坡陶文爲最早，其年代可上溯至四千B、C，最晚亦當爲二五〇〇B、C。B字數：這方面的推測，比較最缺乏根據，筆者推測半坡時代的全部文字，應有近乎二千之數，或不算誇誕；不過尙有許多因素是未知數，這項推測自然只能聊備一說。C中國文字的創造是單元抑多元？……幾種陶文的紀數字，和甲骨文完全相同，卽此一點，似已足夠證明中國文字的起源，在系統上是單元的。D陶文的六書分析：上列幾種陶文，可識者甚少，要想對它們作六書分析，實屬有些冒險；但為了推測文字發生的過程，又不得不借重這種分析。根據文字學的研究，漢字的發生，以表形文字為最早，表意文字次之，表音文字又次之。我們試就此論點，將各期陶文中完全不可識的撇開不談，僅就已識或似可識而尚在疑似之間的字，作一粗略的六書分析。……在下文中，筆者用六書的觀點分析甲骨文字的結果，也證明假借字是從表形、表意文字，進步到形聲文字之間的橋樑，它本身是純表音文字，形聲字是受了假借字的啓示才產生的，現在半坡陶文中有假借字而無形聲字，也可為鄙說佐證。……值得注意的是早期陶文中却絕無形聲字的發現，這也是合乎文字發生過程的合理現象。直到小屯陶片文中有「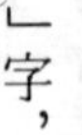」字，不管左旁所從的是「ㄐ」或「卜」，總是從女、ㄐ聲或卜聲的形聲字。它和甲骨文時代大致相仿，甲骨文中已有大量的形聲字，然則小屯中已有形聲字，更是毫不足怪的。小屯陶文中還有許多象形、會意文字，自屬意中事。（註四）

對於歷代字形的變遷，許敍說到：「黃帝之史倉頡，見鳥獸蹏迒之迹，知分理之可相別異也；初造書契。……目迄五帝三王之世，改易殊體，封于泰山者，七十有二代靡有同焉。……及宣王大史籀著大篆十五篇，與古文或異。至孔子書六經，左丘明述春秋傳，皆目古文。厥意可得而說。其後諸侯力政，不統於王，惡禮樂之害己而皆去其典藉；分為七國，田疇異晦，車涂異軌，律令異灋，衣冠異制，言語異聲，文字異形。秦始皇帝初兼天下，丞相李斯乃奏同之，罷其不與秦文合者，……皆取史籀大篆，或頗省改，所謂小篆者也。是時秦燒滅經書，滌除舊典，大發吏卒，興戍役，官獄職務繁，初有隸書，以趣約易。而古文由此絕矣。」其實，倉頡造字的說法，恐怕是出於神話的推衍（註五），但是想要找出造字的根源既不可得，舉出倉頡作代表，也是很合宜的。因此傳統的說法都認爲我國文字歷代的變遷是由倉頡造字，然後逐漸衍成「古文」，到了周宣王的時候，由名叫作籀的太史加以整理與統一，從字形上來說，稱作「大篆」。但是由整理改易的人名來說，就叫作「籀文」。到了秦朝，再由李斯等人增刪改定，變成了「小篆」。由於小篆書寫不易，乃有「隸書」出現。對於這種說法，從許愼以下二千多年來都沒有懷疑，直到民國初年，海寧王國維氏提出秦用籀文，六國用古文說，一時之間，幾乎取傳統的觀念而代之。下文就針對這種說法加以分析。

## 第二節　古文與籀文

王國維先生對籀文的人名及時代性提出了兩疑三證：

一、史籀爲人名之疑問也。自班固志許序以史籀爲周宣王太史，其說蓋出劉向父子，而班許从之。二千年來無異論，余顧竊有疑者。說文云：「籀，讀也。」又云：「讀，籀書也。」古籀讀二字同音同義。又古者讀書皆史事，周禮春官大史職：「大祭祀戒及宿之日，與群執事讀禮書而協事大喪，遣之日讀誄。」小史職：「大祭祀讀禮灋，史以書敍昭穆之俎簋。卿大夫之喪，賜諡讀誄。」內史職：「凡命諸侯及公卿大夫則册命之，凡四方之事書，內史讀之。」聘禮：「夕幣，史讀書展幣。」士喪禮：「主人之史讀賵，公史讀遣。」是古之書皆史讀之。逸周書世俘解：「乃俾史繇書于天號。」嘗麥解：「作筴許諾，乃北向繇書於兩楹之間。」繇卽籀字。春秋左氏傳之卜繇，說文解字引作卜籀，知左氏古文繇本作籀，逸周書之繇書亦當卽籀書矣。籀書爲史之專職，昔人作字書者，其首句蓋云太史籀書，以目下文，後人因取首句史籀二字名其篇，太史籀書猶言太史讀書，太史公自序言：「紬石室金匱之書」猶用此語。劉班諸氏不審，乃以史籀爲著此書之人，其官爲太史，其生當宣王之世，是亦不足怪。李斯作蒼頡，其時去漢甚近，學士大夫類能言之，然俗儒猶以爲古帝之所作，以蒼頡篇爲蒼頡所作，毋惑乎以史籀篇爲史籀所作矣。不知大史籀書乃周世之成語，以首句名篇又古書之通例，而猥云有大史名籀者作此書，此可疑者一也。

一、史籀篇時代之疑問也：史籀之爲人名可疑，則其時代亦可疑。史篇文字，就其見於許書者觀之，固有與殷周間古文同者，然其作法大抵左右均一，稍涉繁複，象形、象事之意少而規旋矩折之意多。推其體勢，實上承石鼓文，下啓秦刻石，與篆文極近。至其文字，出於說文者，才二百二十餘，然班固謂蒼頡爰歷博學三篇文字多取諸史籀篇，許愼謂其皆取史籀大篆，或頗省改，或之者疑之，頗之者少之也。史籀十五篇，文成數千，而說文僅出二百二十餘字，其不出者，必與篆文同者也。考戰國時秦之文字，如傳世之大良造鞅銅量，乃孝公十六年作，其文字全同篆文，大良造鞅戟亦然；新郪虎符作於秦幷天下以前，其符凡四十字，而同於篆文者三十六字；詛楚文摹本文字亦多同篆文，而𡗜𣪘奓𠟭意五字則同籀文（註六），篆文固多出於籀文，則李斯以前，秦之文字，謂之用篆文可也，謂之用籀文亦可也。則史籀篇文字，秦之文字，卽周秦間西土之文字也，至許書所出古文，卽孔子壁中書，其體與籀文篆文頗不相近，六國遺器亦然。壁中古文者，周秦間東土之文字也，然則史籀一書，殆出宗周文勝之後，春秋戰國之間，秦人作之以教學童，而不行於東方諸國，故齊魯間文字，作法體勢與之殊異，諸儒著書口說，亦未有及之者，惟秦人作字書，乃獨取其文字，用其體例，是史篇獨行於秦之一證。若謂其字頗或同於殷周古文，當爲古書，則篆文之同於殷周古文者亦多矣，且秦處宗周故地，其文字自當多仍周舊，未可因此遽定爲宗周之書，此可疑者二也。其可得而斷定者又有三事，一、籀文非書體之名，世莫不以古籀篆爲三體，謂籀文變古文，篆文又變籀文，不知自其變者觀之，則文字殆無往而不變，……自其不變者而觀之，則文字之形與勢皆以漸變，凡既有文字之國，未有一人之力創造一體者。許君謂史籀大篆與古文或異，則固有不異者，且所謂異者，亦由後人觀之，在作書時亦祇用當時通行之字，有所取舍，而無所謂創作及增省也。羅叔言參事殷商貞卜文字考謂史籀一篇亦猶蒼頡、爰歷、凡將、急就等篇，取當世用字，編纂章句以便誦習，其識卓矣，此可斷定前者一也。史篇字數，張懷瓘謂籀文凡九千字，說文字數與此適合，先民謂卽取此而釋之。……蒼頡三篇僅三千五百字，加以揚雄訓纂，亦僅五千三百四十字，不應史籀篇反有九千字，此可斷定者二也。至史篇文體，段氏玉裁據說文所引三事，以爲亦有說解，又疑卽王育解說中語，然據此三事，不能定其卽有說解，……故史籀文體……當如秦之蒼頡篇，……四字爲句，二句一韻。……此可斷定者三也。（註

七）

因而提出「戰國時秦用籀文、六國用古文說」：

司馬子長曰：「秦撥去古文」，揚子雲曰：「秦剗滅古文」，許叔重曰：「古文由秦絕」。案秦滅古文，史無明文，有之惟一文字與焚詩書二事。六藝之書行於齊魯，爰及趙魏，而罕流布於秦猶史籀篇之不流行於東方諸國，其書皆以東方文字書之，漢人以其用以書六藝，謂之古文，而秦人所罷之文與所焚之書皆此種文字，而孔子壁中書與春秋左氏傳，凡東土之書，用古文不用大篆，是可識矣。故古文籀文者，乃戰國時東西二土文字之異名，其源皆出於殷周古文，而秦居宗周故地，其文字猶有豐鎬之遺，故籀文與自籀文出之篆文，其去殷周古文反較東方文字爲近。自秦滅六國，席百戰之威，行嚴峻之法，以同一文字，凡六國文字之存於古籍者，已焚燒剗滅，而民間日用文字，又非秦文不得行文，……十餘年間，六國文字遂遏而不行。漢人以六藝之書皆用此種文字，又其文字爲當日所已廢，故謂之古文，而籀篆皆在其後，如許叔重說文序所云者，蓋循名而失其實矣。

此後，多數學者都以爲此說確不可易，而把這項結論納入他們的著作當中。

但是仔細分析一下王先生的論證：所謂的三斷：一以爲籀文不是書體，因爲未有人能以一人之力造一體。但是，文字是漸變而不是突變，文字的演化是無意識的而不是有意去改作（註八），籀文當然不必和古文有顯著的差異。二以爲籀文的字數不應有九千字。三以爲籀文的文體沒有說解，每句四字，二句一韻，更都和籀文的時代性無關，所以在此不論。至於所謂的二疑，就有許多地方令人百思不得其解了。

一、王先生以爲「六藝之書行於齊魯，爰及趙魏，而罕流布於秦。」似乎當時東西文化隔絕，因此天下統一以後，六國古籍的被焚毀，古文之被禁止，應該不僅止在於儒生喜歡引古非今，而是文化上的排斥。可是王先生又說「秦處宗周故地，其文字自當多仍周舊。」「秦居宗周故地，其文字猶有豐鎬之遺。」認爲秦國文字仍然受到宗周的影響。六藝的整理，固然要晚到了春秋末期的孔子，但是不可否認的，其中大部份都早已開始流傳，而且都是宗周文化的遺跡（註九）。文字和文化本爲一體，沒有文字的文化，缺少了紀錄的工具，當然很難擴散與流傳，這種現象在古今中外各民族文化的發展上是屢見不鮮的。日本在大化革新以後，明治維新以前；韓國在戰國、兩漢以後（註十），二次世界大戰以前，由於都受到中國文化的薰陶，漢字自然也成爲了日本與韓國本身文化傳播的重要媒介，由此看來，王先生的說法已經自相矛盾。如果在古籀中探討一番，東西文化隔絕的說法更是不攻而自破：

1.書經包括了虞、夏、商、周四代的敎令詔誥典謨，其中最晚的一篇是秦誓，書序說：「秦穆公伐鄭，晉襄公帥師敗諸崤，還歸作秦誓。」左傳於魯僖公三十三年（周襄王二十五年、西元前六二七年）正好記有秦晉崤之戰的故事，可以跟書序相印證。所以說六藝與秦無關，就不太站得住脚了。

2.詩經十五國風中有秦風，計收車鄰、駟鐵、小戎、蒹葭、終南、黃鳥、晨風、無衣、渭陽、權輿等十篇，以整部詩經來說，約佔三十分之一的比重。就國風來說，佔一百六十篇詩中的十六分之一，比起最東土的齊風十一首只少一首，比起中原的唐風十二首只少二首，與陳風相同，也看不出有顯著的東西差異存在。對於秦風的時代性，詩序以爲大部份皆當襄公及康公之時，說法雖不一定可靠，但是黃鳥詩哀悼奄息、仲行、鍼虎三良爲秦穆公殉葬，事見魯文公六年左傳，渭陽詩是秦康公爲太子時送舅舅晉公子重耳返國時所賦的詩，歷代學者均無異議。其時皆已當春秋中葉，甚至比傳統上所說籀文的時代還要晚，然當時秦的文化仍舊與中原有密切的關係。

3.如果說，秦誓、秦風等都是王室所採錄以「觀民風、知得失、自考正」，秦人本身並不自知，而堅守東西文化互不流通之說也說不通。一方面，秦誓、秦風如果都是春秋時期的作品話，當時王室大權旁落，采詩的制度已經失却作用，所以孟子要說「詩亡而後春秋作」。另一方面，學詩學書的目的，也不僅止於增加學識而已，更有實際致用的目的。學書可疏通知遠，學禮可以立，學詩可以言，小自事父，遠至事君，乃之於處理政事，辦理外交都包括在內。（註十一）由左傳所記載各國卿大夫聘問的儀節及引詩，就可以很明顯的看出詩經的這些作用。其中和秦國有關且最爲後人所樂道的有二件事：一是魯僖公二十三年，晉公子重耳流亡到秦國，秦穆公招待他宴飲時，兩人引詩唱和，重耳賦「沔水」（註十二），秦穆公賦「六月」，陪侍重耳的大臣趙衰要重耳拜賜，因爲小雅六月第一章指匡正王國，第二章詠輔佐天子。所以趙衰聽見穆公賦詩，立卽了解穆公是以佐天子者期許重耳。由這一段紀錄可以了解到，秦穆公對詩經的體認和運用，是非常深刻的。另一則故事發生在魯定公四年，伍子胥率領吳師在柏舉一役大敗楚師。申包胥赴秦國爲楚國討救兵，靠在秦宮牆上日夜大哭，滴水不沾的哭了七天。終於感動了秦哀公，唱出了「無衣」的詩。申包胥感激得連續頓首，才肯坐下來休息，因為無衣詩的主旨在同仇敵愾，「與子同袍」、「與子同仇」，果然秦國派出了救兵。

既然一直到春秋的末期，秦國仍然受到六藝偌大的影響，怎麼會一到戰國，除了秦國文字仍然還有宗周遺風以外。一下子就和六藝隔絕？戰國時遊士之風最盛，如果眞正有東西文化上顯著的差異，蘇秦和張儀也就不那麼容易掉三寸不爛之舌，往來合從、連横而自如。詛楚文和呂相絕秦的文告，也就彼此不解，發生不了作用了。此外，在戰國策中，也可找到秦武王與昭襄王引詩的紀錄。

二、王先生根據說文對「籀」字的定義，把史籀解釋成「大史讀書」，斷定史籀是書名，但是「籀文」的名稱也見諸許書，叔重造書立說時，會如此自相矛盾嗎？又王先生所謂東土、西土之分一以壁中古文屬周秦間東土文字，史籀篇是春秋戰國間的秦文字，更舉出秦大良造鞅銅量文字全同篆文，詛楚文除森、𣪘、𠫯、𠟭、𢝊五字同籀文外，餘皆與篆文相同為證。然潘重規先生亦舉出古器上的文字資料來反駁：

試卽秦大良造鞅銅量觀之，銅量大字作大，大字卽為古文。說文大字下云：「古文大也。」而籀文作亣，說文亣字下云：「籀文，改古文。」是秦器用古文大而不用籀文亣也。再就詛楚文觀之，雖𣪘𠫯𠟭𢝊四字同籀文，而大字十餘見，皆作古文大字。其他求字作求，亦同於古文，玉字作玉，利字作利，皆與說文所載古文玉利相近。除王氏所舉大良造鞅銅量及詛楚文之外，秦器中之秦公毁之事字作事，秦公鐘之事字作事，皆與說文古文事字相近。若觀察六國之遺文，其所用文字亦復多同籀文。如東方齊國之𪒠鈴、陳侯午錞、國差𦉢之四皆作亖，晉國之晉公𥂴、嗣子壺，四亦作亖。洛陽韓墓所出之韓壺銘文，四亦作亖。據說文所載，亖乃籀文。由此觀之，亦可知秦國文字常用古文，而東方諸國亦復用籀文，是則王氏所謂秦不用古文之說，卽其自舉之例，亦不能證成其說，而所謂籀文，篆文與古文系統截然不同說，自亦不能成之矣。（註十三）

更明顯的證據是說文有古文，籀文與小篆並列作爲部首的，就以大字來說，古文大，籀文亣都是部首。段玉裁說：「大下云古文亣，而亣下云籀文大，此以古文籀文互相釋明，祗一字而體稍異，後來小篆偏旁或从古或从籀，故不得不殊爲二部。」細察所以分一字的古籀爲兩部，不外是爲了書寫筆順結構之不同的原因。所以大部的字，除了契字外，部首均處於合體字的上部或中間，如奎夾夷等；而亣部中的字，部首則居於合體字的下半，如奚[篆字]等。因爲大比較容易包含其他的部份，而亣的上半比較整齊，可以結合在另一體的下方。而事實上這些分別也恐怕是到了小篆要固定字形以後才有的現象，所以奚字說文中雖然从籀文大，甲文作奚，南亞彝奚，所从的却是古文大。又如人爲籀文的人，儿爲古文奇字人，他們並列爲部首，也是同樣的原因，人比較狹長，正好作爲左右平列的偏旁使用，如仁仕等。儿字比較寬扁，正好作爲上下直列的偏旁使用，如[篆字]元等。事實具在，何來東西相異，壁壘分明的現象呢？

三、以六國古文爲說文引述的古文，秦文字爲說文所引述的籀文，既然從春秋史料及戰國的器物來看，都頗有疑問，但是不可否認的是所謂：「諸侯力政，不統於王，惡禮樂之害己而皆去其典籍，分爲七國，田疇異畮，車涂異軌，律令異灋，衣冠異制，言語異聲，文字異形。」春秋戰國之際，由於地域與政治背景的差異及語言的紛歧，在文字上各國難免會因時因地而制宜，有他們本身的文字特色出現，這樣說來，又不止東西的差別了。當王先生覆信與容庚討論到這個問題的時候，也認爲：

如燕齊之匋器，各國兵器貨幣璽印，不下數千百器，其文字並訛變率草，不合殷周古文，且難以六書求之，今日傳世古文中，最難識者，卽此一類文字也。……至秦用籀文，六國用古文之說，雖不敢自信爲確實，然不失爲解釋六國材料（秦文如大良造鞅戟、重泉量、新郪虎符、詛楚文等。六國文字如匋器，璽印、貨幣及壁中書等。）之一方法。（註十四）

而陳夢家氏把東周的銅器分爲五系（註十五），這也就是王氏提出的「自其變者觀之，文字無往不變」：

東土系　齊、魯、邾、莒、杞、鑄、薛、滕…

西土系　秦、晉、虞、虢…

南土系　吳、越、徐、楚…

北土系　燕、趙…

中土系　宋、衞、陳、蔡、鄭…

此五系中，東中西三系爲黃河流域，南系爲江淮流域，北系爲塞外，故南北兩系最易受域外文化之影響，否則常保持其地域性的發展，而其他三系可謂為正統的華夏文化。而華夏文化的三系中，「惟西土系秦文最為官書之楷則，是為小篆，其他較小篆簡省者，則楷書之濫觴也。」（註十六）雖然因地域背景的不同有了五系的劃分，但是我們也可以體認的是：「地域的間隔雖使文化各異，但並不致使文字產生太大變化的。譬如河南沁陽出土的晉國載書及山西侯馬出土的東周盟誓，都是毛筆書寫的文字，它們和江陵、信陽、長沙等地的墨書『楚簡』文字相較，也只是大同小異而已。現在看到列國的錢幣文字，也說明了東西土的地域，並不會構成它們過分的差異。而錢文很多類同契文、金文的例子，亦顯示了六國同於殷周古文的仍然不少，它們有古文、籀文同用的現象，也就不足奇怪了。所以說戰國時通行的文字，彼此仍有其共通性，所謂古文和籀文實在很難作一嚴格的劃分，六國文字和秦地文字的相差，也不是太遠的。」（註十七）

**四、**文字雖然因地域而有差別，但是誠如王先生所說：「凡既有文字之國，未有能以一人之力創造一體者。」既然東西相異之說有諸多疑問，不如仍從傳統的說法，仍以籀文為周宣王時整齊文字的結果為宜。方濬益氏說：

> 宣王中興，篤生籀史，創為大篆，則石鼓其幟志也。然自歐公以來，異說紛歧，通儒不免，近人徐燮鈞於寶雞得周虢季子白盤，平定張穆依羅次球以四分周術推演，定為宣王之十二年周時惟宣王十二年周正建子，月有丁亥，乃月之三日也。其辭既類小雅六月之篇而書則籀文，一同石鼓文，可知史籀篇迹，實周時書勢之一大關鍵。而召伯虎敦，虢文公鼎以毛詩國語攷之，亦宣王時之

器，尤足資印證矣。且鄭桓公以桓王母弟受封，鄭器如邢叔妥賓鐘，姜白鼎、姜白鬲、𣐈叔賓父壺、大師小子甗，無一不與石鼓脗合，在旣變大篆之後，是周中葉時文字之可考者，其證二也。平王東遷，諸侯力政，文字異形，學古編所謂諸侯各有其本國之文也；然列國之器，如宋公誙鐘之爲平公成、宋公差戈之爲元公佐，邾公㠭公華二鐘之爲宣公悼公，楚曾侯二鐘之爲惠王章作，王子申盞之爲令尹子西，齊侯二罍之爲祀陳桓子，陳侯鐘之爲齊威王器，其文仍是籀書而體漸狹長，儼然小篆。且秦之建國，實自平王；薛氏所錄盄龢鐘，阮氏所稱昭襄王嘉禮壺尊、甲午天錫二簋，與近出之鄦子賸秦嬴簠，書勢亦開秦權量及瑯琊台刻石之先聲，可知斯相制作雖本秦文，而實當時通行之體，是春秋戰國時文字可考者。（註十八）

方氏拿鐘鼎文資料替傳統的說法找到了明確的證驗。不過我們應加注意的是：1.虢季子白盤銘文、經高笏之先生的考證應爲周平王十二年（西元前七五九年）器，這樣就比方氏的推論宣王十二年（西元前八一六年）晚了五十八年，不過董彥堂先生認爲宣王十二年與平王十二年同樣都是正月丁亥朔，二者皆可排入（註十九），所以並在影響方氏的論證。 2.方氏從張懷瓘之說，以爲石鼓文卽籀文，韓文公以爲石鼓文是周宣王時獵碣，但是後世異說頗多，至馬衡先生作「石鼓爲秦刻石考」訂爲秦刻石之後，漸成定論，只是對石鼓文的時代性仍然還有爭議而已（註廿）。方氏以周虢季子白盤和石鼓文書勢相同，則可爲東土西土之分不當的又一證據。 3.又據張光遠氏的考證，石鼓十篇的詩文，不論章句、字數、語法、用韻、名物等，莫不一一與詩經時期之作品契合，可與詩經秦風同列（註廿一），亦可以作爲當時東西文化爲一體的明證。無論東西土所發掘出來的器物及文獻資料，都是一脈相傳的文化菁英。

## 第三節　古籀之變與籀篆之變

### 一、由古文到籀文—古籀之變

文字本身既然是語言的紀錄，語言有生命，會隨時間空間的差異有所流變，是活生生的。文字要配合語言，自然也是活生生的隨着語言因應時空的不同而有所變異。籀文在字形上「與古文或異」，段玉裁說：「或之者，不必盡異也。」可說是從古文一脈相承，大部份因襲古文，小部份因應時空加以整理，我們從說文的重文當中，可以找到很多的例子。如：

上部旁下古文作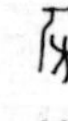籀文作（甲文作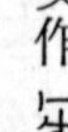金文作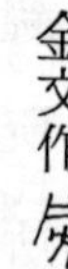）

㕯部商下古文作籀文作（甲文作金文作）

𠬢部兵下古文作籀文作（甲文作金文作）

𦥯部農下古文作籀文作（甲文作金文作）

聿部肄下古文作籀文作（甲文作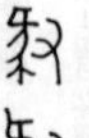金文作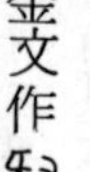）

殺部殺下古文作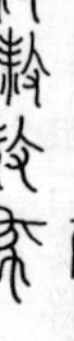籀文作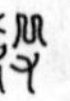（甲文作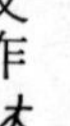）

𠦒部棄下古文作　籀文作　（甲文作　金文作　）

乃部乃下作　籀文作　（甲文作　金文作　）

馬部馬下古文作　籀文作　（甲文作　金文作　）

雨部靁下古文作　籀文作　（甲文作　金文作　）

大致說來，由古文到籀文的變化僅是筆劃上的繁省與整齊，有時甚至有同體重覆的情形發生。章太炎先生說：「造字之後，經五帝三王之世，改易殊體，則文以寖多，字乃漸備。……自倉頡至史籀作大篆時，歷年二千。其間字體，必甚複雜。史籀所以作大篆者，欲收整齊劃一之功也。故為之釐訂結體，增益點畫，以期不致淆亂。今觀籀文，筆劃繁重，結體方正。本作山旁者，重之而作屾旁。本作巛旁者，重之而作巛巛旁。較鐘鼎所著踦斜不整者，為有別也。此史籀之苦心也。惜書成未盡頒行。即遇犬戎之禍。王畿之外，未收推行之效。故漢代發見之孔子壁中經，仍為古文。魏初邯鄲淳亦以相傳之古文書三體石經。……至周代所遺之鐘鼎，無論屬西周或東周，亦大抵古文多而籀文少。此因周宣王初元至幽王十一年，相去僅五十餘年。史籀成書，僅行關中，未曾推行關外故也。」（註廿二）

## 二、籀文到篆文—籀篆之變

由籀文再到篆文，其間的變化所謂「皆取史籀大篆或頗省改」，仍然是一相承的。段玉裁說：

云取史籀大篆或頗省改者，言史籀大篆則古文在其中，大篆既或改古文，小篆復或改古文大篆；

或之云者，不盡省改也，不改者多。則許所列小篆固皆古文大篆，其不云古文作某，籀文作某，古籀同小篆也；其既出小篆，又云古文作某，籀文作某者，則所謂或頗省改也。

又說：

小篆因古籀而不變者多。

雖然王國維先生認爲說文的正字當中所列不一定是小篆（註廿三），但是段氏對古籀篆沿襲漸變的理論，却是屹立不移的。因此小篆並不一定全異於古籀，如果有所改易，也不過是省或改而已。由籀文到篆文的變化，通稱「籀篆之變」。這種文字本身進化的痕跡，也就是黃季剛所說的「變易」（註廿四），唐蘭所稱的「演化」（註廿五）。由說文的重文當中分析一下，可以發現籀篆之所以要變化，不外下列五種情況：

**㈠省其繁重**

籀文的形體有時較爲繁複，往往有同體複重的現象，而在書寫的時候，難免有趨簡惡繁的心理，於是小篆往往就把籀文簡化了。例如：

｜部中下籀文作□，甲文作□，頌鼎作□，象旗上之斿因風而偃，篆文省其緐作中。（註廿六）

屮部□下籀文作□从三□，篆文省其重作□。

艸部折下籀文作□，於二屮中有仌，齊侯壺作□，恐怕是怕二屮相連，致以斤斷艸的意思不明，特別以二條線段明示折斷的情況（註廿七），篆文省其繁作。說文又有俗字作，則係簡省之後兩屮相連爲，又與手部同化之所致。

灥部厵下古籀作（註廿八），篆文省其重作。雝伯原鼎作。

糸部繘下籀文作，篆文省其重作。

## (二)改其怪奇

籀文中比較奇怪的筆劃，小篆往往加以改易，但是這種改變可以分爲兩類：

### 1.行款：

爲了求行款的美觀，注意方塊字的平衡與對稱，篆文往往改變籀文的形體。例如：

廾部兵下籀文作，小篆改作。

麤部塵下籀文作，象揚土上散的情形，从二土在上（註廿九），小篆爲求對稱改作。

申部申下籀文作，甲文作等，金文作等，象電光閃閃的樣子（註三十），小篆爲求爲整齊改作。

### 2.訛變：

有些時候由於時代久遠，已經湮沒了某些字造字的形義，小篆再加以改易，反而引起了訛誤。如果僅以卜辭或鐘鼎來和小篆比較。即可發現有時這種訛變的狀況非常嚴重。如奉字，小篆作，从手廾丰聲，是形聲字；然已亥鼎作，琱父辛彝作，象兩手奉玉形；毛公鼎作，由於丰與玉字形相近，形近而訛變成聲符（註卅一）。長字小篆作，从兀从七亾聲，甲文作等形，象人髮長貌，小篆變頭髮爲倒亡，因而與原形大失其趣。（註卅二）

皮部皮下籀文作，其實徵之鐘鼎，字或作等形，象以手剝取獸皮之意（註卅三）。小篆改作，本來只是結構的漸變，可是由於形義的隱晦，許愼將字形誤解爲「从又爲省聲」。

馬部馬下籀文作，徵之於金文，克鐘作毛公鼎作，以代表馬頭，彡爲鬃毛，爲前後足及尾（註卅四），說文所引籀文將鬃毛與身體分開，已經發生訛變，小篆作，爲了行款的整齊，又將鬃毛與頭連成直線，因此從小篆的形體看，實在看不出是如何象形的。

## ㈢加形：

加形，也就是所謂的繁化，由於古時字少，文字往往會在義上加以引申或在形上假借以求配合語言，如果一再引申或假借，往往使文字的本義隱晦不明，小篆就從籀文上再加形，使意義更加明確。例如：

箕部箕下籀文作，甲文作，食仲盨作，姒己觚作，邕子甗作，在卜辭及鑑鼎銘文甚至先秦典籍中，其字多被假借爲語詞使用（註卅五）；爲了明白表示器物的本義，事實上籀文中已經有異體，作，小篆則加上器物的質料作，以免與假借義相混。

雲部雲下古文作，亦作，甲文作等形，經典中或借爲發語詞，或借用爲語尾助詞，或借爲云謂字用，因而本義湣沒（註卅六），爲了表示雲彩的本義，明其屬天象而非人事，小篆加雨作。

𦣝部𦣝下古文作，鑄子叔黑臣鼎作，象人的下巴（註卅七），意義由形象上看仍不夠明顯，所以到了籀文已加形作，小篆略加更改作，加首加頁，都在加形以明其本義。

## (四)加聲：

早期文字的取象多半以象形爲主，但是由於從象形字的結構上讀不出聲音，爲要滿足文字是語言紀錄的基本功能，要求能讀出聲音來，是自然而然的現象，所以從籀文到小篆，往往發生聲化的現象。有時當文字本身不夠明確時，也可用加聲的方法來作明顯的區別。例如：

尢部尢下雖爲部首，實爲古籀，象人曲脛，不良於形的樣子，篆文作（註卅八），加上了的聲符，使文字與語言配合。

囗部囿下籀文作，徵之甲文，或作諸形，石鼓文囿字亦作，本象「苑有垣」的形狀，至秦公簋已改作，从囗有聲，變成形聲字，小篆正作，聲化的痕跡非常明顯。

雨部雹下古文作，下部之晶爲象形，「雹中心凹，故○中加·」（註卅九），由於讀不出聲音，加以在字形上與甲文之星字作等形相同，亦要求予以別異，於是小篆改作，變成了从雨包聲的形聲字。

異部戴下籀文作□，本身已經有从弋的聲符（註四十），徵之甲文作□，𢀛鼎作□，「象戴物之形，卽戴字。後因借用爲分異之義，而加弋聲作□，小篆因𢦏戴韻母關係更密，遂改爲𢦏聲。」（註四十一）而「異聲轉爲戴，猶弋轉爲代，台轉爲殆。」（註四十二）

㈤**完全不同**：

由於古文字往往一字有數種寫法，位置、偏旁、筆劃都不固定，而小篆爲了要求整齊劃一，往往從繁多的字形當中找出一個作範例而廢棄了其他不同的字形。例如：

子部子下籀文作□，象「囟有髮，脛在几上」，徵之甲文，子或作□□□□等形，師田父尊作□，召伯虎敦作□，毛公鼎作□，小子師敦作□，羅振玉以爲：「說文解字古文作□，籀文作□，卜辭中子丑之字皆作□，或變作□……，從無作子者，□與許書所載籀文字子頗近，但無兩臂及几耳，召伯虎敦作有臂而無几，與卜辭亦略同，惟□、□等形則亦不見於古金文，蓋字之省略急就者，秦省篆書繁縟而爲隸書。予謂古人書體已有繁簡二者。」（註四十三）容庚說：「甲骨文辰巳之巳作□□□□，金文亦然，與小篆同。」（註四十四）李孝定氏更指出甲骨文省變遞嬗之迹爲：「□—□—□—□—□—□—□。□□□則象幼兒在襁褓之中，兩手舞動，上象其頭之形，實均取幼兒，但表現各異耳，許書以□□爲今古文，實一字之異體耳。卜辭以子爲辰巳之『巳』及子某之『子』是十二辰中有二子字，各據一形而不相亂者，以子巳之音本近，而𢀈子之形各殊故也。然以子某之子作□觀之，知子𢀈仍是一字，許君之說不誤。」（註四十五）至小篆「遂變契文之□作□以代支名之『巳』，而以『子』爲第一支名及子孫字，『𢀈』遂廢而不用，於是『子、巳』遂似分爲二字。然以古文用『子』爲『巳』，自金文之學興起，此一問題亦聚訟未已，實則□□並子之異構，𢀈子巳實爲一字也，許書包篆作□，解云：『象人裹妊，巳在中象子未成形也。元气起於子，子人所生也，男左行三十，女右行三十，俱立於巳爲夫婦，裹妊於巳，巳爲子，十月而生。……』一則曰象人裹妊『巳』在中，象『子』未成形，再則曰『巳爲子』，正以明□爲子之未成形，然實亦子字也。」（註四十六）

## 第四節 篆隸之變

許敍以爲隸書出現的緣故是由於秦時「官獄職務繇」，乃有隸書解散了曲折波礫的篆體，產生了快速簡易的字體。隸書的作者相傳是程邈（註四十七）。秦時本來和小篆並行，到了漢朝，成爲文字的正體。

董同龢先生以爲小篆的應用時代與範圍究竟有多大，是一個很大的問題。因爲：

秦朝的壽命極短，由李斯定小篆到秦亡漢興，前後不過十年多的工夫。然而一旦改朝換代，公私文書，已經盡是隸書的天下了。文字的應用，約定俗成的力量非常之大，無論是誰，絕對不能憑藉一紙命令，在旦夕之間，就可以把舊的完全廢除，同時又可以使新的普遍應用起來，由這一點，我們就可以作兩項合理的推測：

(1)小篆始終沒有發展到普遍應用的地步，不然他的消滅決不至於那麼快。

(2)漢以前，隸書應當已有相當長久的歷史了。如果不是這樣，他的興起也決不至於那麼快。劉邦是流氓，蕭何是皀隸，他們固然只知道隸書。可是，漢室政府却不是沒有讀書人，而且劉邦蕭何也沒有制定法律來推行隸書。以隸書在漢初應用之廣，說他是和李斯差不多同時的程邈所創，似乎還嫌晚了一些。

根據隸書的筆道兒來推測，我們可以說：隸書的產生，是由於用筆作主要的書寫工具的緣故，用筆寫字，比起從前用刀刻或者是用根棍兒蘸漆寫字，眞是一項重大的進步了。筆的普遍應用，對於中國文字的影響，比改變筆道兒更要緊的，是大大的增加了書寫的速度。書寫速度既然增加，筆劃簡化和筆道兒逕直化的要求就越發加強，字體也就從此整個的改觀。所以，漢隸的興起，眞是中國文字演變史中的一個大的轉捩點。再往後說，或許是因爲紙的發明，書寫又得到更進一步的便利，於是漢隸又變作『今隸』，那也就是隋唐以來定於一尊的『正體字』或『楷書』。（註四十八）

那麼隸書究竟是什麼時候產生的呢？當然不會是突然的改變。水經穀水注說：孫暢之嘗見青州刺史傅弘仁說：「臨淄人發古冢得銅棺，前和外隱爲隸字，言『齊太公六世孫胡公之棺也』，惟三字是古，餘同今書，證知隸自出古，非始於秦。」

唐蘭說：

胡公是太公玄孫，不應說六世孫。禮記說：「太公封於營丘，比及五世，皆反葬於周。」卽使胡公是葬在齊的，他的都城在薄姑，爲獻公所殺，也未必葬到臨淄去。所以水經注這個故事是很可疑的。但是酈道元所說，由於輾轉傳聞，本就容易錯誤，並且這『胡公』的胡字，可能就是三個古字中的一個，而且更可能是被誤認了的。我們知道後來陳氏篡齊，也有太公，如其爲太公的六世孫，那麼就是戰國末年了。總之，如說西周已有較簡單的篆書，是可以的，眞正的隸書是不可能的。春秋以後就漸漸接近，像春秋末年的陳尙（卽論語的陳恆）陶釜，就頗有隸書的風格了。六國文字的日漸草率，正是隸書的先導。秦朝用小篆來統一文字，但是民間的簡率心理是不能革除的，他們捨棄了固有的文字（六國各有的文字），而寫新朝的文字時，把很莊重的小篆，四平八穩的結構打破了。這種通俗的、變了面目的、草率的寫法，最初只通行於下層社會，統治階層因爲他們是賤民，所以並不認爲足以妨礙文化的統一，而只用看不起的態度，把它們叫做『隸書』。（註四十九）

又說：

近古期文字，從商以後，構造的方法，大致已定，但形式還不斷地在演化，有的由簡單而繁複，有的由繁複而簡單。到周以後，形式漸趨整齊。盂鼎、旨鼎等器都是極好的代表。春秋以後，像徐器的王孫鐘、齊器的𦉜鎛、秦器的秦公毁和汧陽刻石等，這種現象，尤其顯著，最後就形成了小篆。不過這只是表面上的演化，在當時的民衆所用的通俗文字，却並不是整齊的、合法的、典型的，他們不需要這些，而只要率易簡便。這種風氣一盛，貴族也沾上了，例如春秋末年的陳向陶釜上刻銘，已頗艸率，戰國時的六國秦文字是不用說了，秦系文字雖整齊，但到了戈戟的刻銘上，也一樣的苟簡。陳向釜的立字作立，很容易變成立；高都戈的都字作都，很容易變成都，這種通俗的、簡單的寫法，最後就形成了近代文字裡的分隸。近古文字已不容易看出字形所代表的意義，到近代文字裡，沿用愈久，譌變愈多，當然更看不出來了，於是文字就漸變成單純的符號了。（註五十）

隸書取代了傳統的文字以後，所謂「古文由此而絕」，在字形上一脈相承的情況自此打破，這也就是許慎作說文解字必取小篆爲中心而不用當時通行的漢隸的道理。要想從隸書甚至楷書去探討文字的成因，往往是事倍功半，甚至會誤入歧途的。其實說文九千三百五十三個字並不完全是小篆，中間也包括有古文和籀文（註五十一），況且「小篆因古籀而不變者多」。由篆文—或篆文以前的古籀—到隸書的演化，稱爲篆隸之變，事實上篆隸之變也就是從傳統文字的結構到新體文字的變易。這種變易分析一下，大約有下列兩種狀況：

**一、强異爲同：**

在一脈相承的傳統文字中結構不同的字形，到隸書中由於簡化或同化的緣故，往往混在一起而失其本形。

例如：

春字於甲文作□□□等形，三體石經春的古文作□（旾），古文从木从屮並無分別，而甲文之□即屯字（註五十二），故小篆又變爲□，但隸書變作□。秦字於甲文作□□等形，鄦子簠作□，秦公簋作□，史秦鬲作□，本象抱杵舂米形（註五十三）小篆省作□，隸變以後字形作□。奉字既由捧玉形的□訛誤成从手□□聲的形聲字□，隸變之後，又變作□。由春、秦、奉的形體上半截舂來看，再也不知道一爲从艸屯，一爲从廾持杵，一爲手捧玉或从□□聲了。

寒字□如鼎作□，大克鼎作□，小篆作□從字形上看，誠如許氏所析「从人在宀下，从茻上下爲覆，下有仌也。」隸變作□。塞字小篆作□，从土□聲，徐灝以爲□塞本一字，□者充滿之意，所以从四工之□，乃取其用工之多而非用工之巧，加土是後起增形，由引申爲隔而分化出去的字（註五十四），而隸變作塞。由寒塞上半截的寒，將□與□混而爲一。

這種強異爲同的現象，有些甚至在小篆的階段已經就存在了。例如燕字甲文作□□等形，正象「籥口、布翄、枝尾」的形狀，篆變作□，口與廿同化，頭與口同化，翄與北同化，尾與火同化，隸變再作□，更將尾部變作□。魚於甲文作□□等形，魚爵作□，毛公鼎作□，石鼓文作□，愚意以爲毛公鼎及石鼓文於魚尾兩邊加點，應是求字形的美觀對稱，並無其他的用意，小篆承襲其變，字形作□，乾脆就與火同化，隸變再作□，又把魚尾變成了四點。而馬字變到小篆的形，下體的結構仍可見四足及尾之形，可是隸變作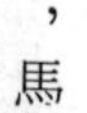，馬足變成了四點，連馬尾巴也省略了。這幾個字本來各有所象，但是愈演化愈失其本形。

## 二、將一作二：

有些時候，在一脈相承的傳統文字裡結構相同的偏旁，隸變以後却分成了兩種寫法。例如：

展字小篆作，从衣㠭聲，是個形聲字，意指用紅色的細絹所作成的衣服，用作以禮見王及賓客的衣服，而塞字小篆作，中間也是从㠭，但是隸變之後，一作，一作，變成了不同的結構。

監字小篆作，覽字是由引申意加形所孳乳出來的新字，小篆作，意在指臨皿以水為鏡自覽，隸變以後，一作，下部仍作皿；一作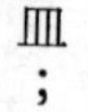，皿變成了四形。

丞字甲文作，象人在陷阱中，有人手從上拯救，即拯字的初文（註五十五），小篆作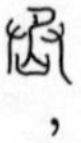，人訛變成，陷阱訛變成山，但雙手仍可見。奐字小篆作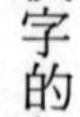，就是換字的初文，二者皆從雙手的卄字，隸變後一作丞，一作奐。字典中前者入一部，後者入大部，皆已面目全非。

隸變所以會有將一作二的情形，大約是當隸體易傳統文字的詘詰為平直的時候，目的只在求簡省與字形結構的平衡對稱，往往就顧不到造字本身的形義了。

註一：見唐蘭中國文字學十「文字發生的時代」。

註二：見唐蘭古文學導論上編二丙「中國文字的起源下」。

註三：見大陸雜誌第五卷第十期世界文化的前途（二二）「中國文字的起源」一文。

註四：見南洋大學李光前文物館編印文物彙刊創刊號李孝定著「漢字史話」一文。

註五：按荀子解蔽篇云：「故好書者衆矣，而倉頡獨傳者壹也。」楊倞注以倉頡爲黃帝之史官。韓非子五蠹篇：「古者倉頡之治書也，自環者謂之私，背私謂之公。」水經洛水注引河圖五版：「倉頡爲帝，南巡登陽虛之山，臨於玄扈洛水之納水，靈龜負書，丹甲青文以授之。」繹史卷五引春秋元命苞：「倉帝史皇氏名頡姓侯岡，……生而能書。」各說於倉頡之時代，姓名、造字動機皆有出入，故以倉頡造字係出於神話的推衍。

註六：說文秦籀文作，敢下云籀文作，奢下云籀文作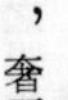，則下云籀文作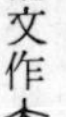，意下去籀文作。

註七：見觀堂集林卷五史籀篇證序及卷七戰國時秦用籀文六國用古文說。

註八：參看唐蘭中國文字學十九「什麼叫演化」一節。

註九：古文家認爲孔子於六經之功在於述而不是作，那末六藝就純粹是宗周文化。今文家則認爲孔子託古改制，創作經書；但是詩是采詩遺跡，書是歷代典謨詔誥，禮、樂分別是當時的制度，易是歷古相傳增益而成，也是不爭的事實，而且在早於孔子的載記中，不乏徵引者，所以不論今古文學者看法如何，六藝中一定包含宗周文化遺跡。

註十：史記朝鮮列傳第五十五：「朝鮮王滿者，故燕人也。自始全燕時，嘗略屬眞番、朝鮮，爲置吏，築鄣塞。」又「元封二年，……遂定朝鮮，爲四郡。」後漢書卷七十六東夷傳：「建武六年，省都尉官，遂棄領東地，悉封其渠帥爲縣侯，皆歲時朝貢。」

註十一：語見論語季氏篇、陽貨篇及子路篇。

註十二：左傳原文作「河水」，杜預注以爲是逸詩，韋昭國語注云：「河當作沔字，相似誤也。」謹案小雅鴻雁沔水：「沔彼流水，朝宗於海。」正與重耳美穆公之情況符合，故從韋說。

註十三：見潘重規中國文字學附錄三「史籀篇非周宣王時大史籀所作辨」一文。

註十四：見燕京月報第二期容庚作「王國維先生考古學上之貢獻」所引。

註十五：見陳夢家海外中國銅器圖錄第一集中國銅器概述二「地域」一節。
註十六：見陳夢家海外中國銅器圖錄第一集中國銅器概述八「文字」一節。
註十七：見張光裕秦泉幣文字辨疑。
註十八：見方濬益綴遺齋彝器考釋彝器說中「考文」一節。
註十九：見邢志良石鼓通考董作賓序。
註廿十：參看邢志良石鼓通考一書。
註廿一：見張光遠先秦石鼓存詩考第七章「石鼓勒詩爲經時期之作品考」一文。
註廿二：見章太炎國學略說中「小學略說」。
註廿三：參看觀堂集林卷七「說文今敍篆文合以古籀說」。
註廿四：參看黃侃論學雜著說文略說「論變易孳乳二大例上」。
註廿五：參看唐蘭中國文字學文字的演化十九「什麼叫演化」。
註廿六：段注本中下有𠁩云爲古文而無籀文𠁧，今依小徐本，羅振玉段虛書契考釋云：「古中字於或在左或在右，象因風而或左或右也。」
註廿七：說文云：「籀文折从艸在仌中，仌寒故折。」王國維云：「齊侯壺作𣂚𣂚二形，僞隸古文尚書作𣂚，皆與此同。𣂚亦从斤斷艸，二屮之間之二，表其斷處也。」
註廿八：厵爲說文正文，下又重出厡字云篆文从泉，段玉裁云：「此亦先二後上之例，以小篆作原，知厵乃古文籀文也。」
註廿九：參看段玉裁𠪚字下注。
註三十：王筠句讀電下云：「虹之籀文從申，云申電也，知申是古電字，電則後起之分別文。」徐灝說文解字注箋云：「鐘鼎文多作[illegible]，籀文[illegible]，即從此變，小籀整齊之作申耳。」
註卅一：參看林義光文源奉字下。
註卅二：參看中興大學學術論文集刊第一期弓英德先生「六書篆變釋例」一文。

註卅三：林義光文源論皮云：「ㄗ象獸頭尾之形，ɔ象其皮，又象手剝取之。」魯實先先生叚借遡源亦云此字「以示剝取獸皮之義。」

註卅四：商承祚殷虛文字類編：「說文解字馬古文作𩡧籀文略同，象馬頭髦尾之形。」

註卅五：甲骨文字乙編四五一片云：「貞來庚寅其雨不其雨。」其字已借爲語詞。經典中如尙書微子：「予顚阪若之何其。」詩周南摽有梅：「摽有梅，其實七兮。」前者借爲語詞，後者借爲指示代名詞，如此者所在多有。鐘鼎銘文如宗周鐘：「南國及孳敢陷虐我土，王敦伐其至，㦰伐厥都。」借爲指示代名詞；兮甲盤：「其惟我諸侯百姓，乃貯毋不卽市。」借爲語詞。

註卅六：詩邶風簡兮：「云誰之思」，云借爲發語詞；小雅正月：「洽其比鄰，昏姻孔云。」借爲訓大之夽；史記封禪書：「其用如經祠云」，則借用爲語尾助詞。論語學而：「詩云：如切如磋，如琢如磨。」借爲云謂字。

註卅七：𦣞爲說文正文，但其後又列重文頤曰篆文𦣞，段注云：「此爲篆文，則知𦣞爲古文也，先古文後篆文者，此亦先二後上之例。

註卅八：大小徐本皆以𡔲爲古文，惟段注云：「尢者古文象形字，𡔲者小篆形聲字，此亦古文二篆文上之例，必取古文爲部首者，以其屬皆从古文也。」謹案就文字進展言，最後才發展成形聲字，故从段說。

註卅九：見說文義證雷下。

註四十：段注戠下云：「弋聲𢦏聲同在一部，蓋非从戈也。」

註四一：見龍宇純中國文字學第二章第二節形聲下。

註四二：見林義光文源戠下。

註四三：見羅振玉增訂殷虛書契考釋及商承祚殷虛文字類編。

註四四：見容庚中國文字學義編第二節象形字下。

註四五：見李孝定甲骨文字集釋第十四子下。

註四六：見李孝定甲骨文集釋第十四巳下。

註四七：說文敍新莽六書小篆下云：「秦始皇帝使下杜人程邈所作也。」段玉裁以爲此十三字應在左書，卽秦隸書之下。段注隸書：「晉衞恆曰：秦既用篆，奏事繁多，篆字難成，即令隸人佐書曰隸字。唐張懷瓘曰：秦造隸書，以赴急速，爲官司刑獄用之，餘尙用小篆焉。案小篆既省改古文大篆，隸書又小篆之省。」

註四八：見董同龢先生語言學論文選集文字的演進與六書一文。

註四九：見唐蘭中國文字學文字的變更二十七「隸書、楷法、八分、飛白」一節。

註五十：見唐蘭古文字學導論上編二壬「由近古文字到近代文字」一節。

註五一：觀堂集林卷七說文今敍篆文合以古籀說：「敍所云今敍篆文合以古籀者，當以正字言而非以重文言。重文中之古籀乃古籀之異於篆文及其自相異者，正字中之古籀，則有古籀篆文俱有此字者，亦有篆文所無而古籀獨有者，……然則說文解字實合古文籀文篆文而爲一書，凡正字中，其引詩書禮春秋以說解者，可知其爲古文，其引史篇者，可知其爲籀文，引杜林、司馬相如、揚雄說者，當出於倉頡、凡將、訓纂諸篇，可知其爲篆文。」

註五二：見李孝定甲骨文字集釋卷一屯字及春字下所引證。

註五三：見史語所集刊二本一分徐中舒耒耜考。

註五四：參見徐灝說文解字注箋寳字下箋釋。

註五五：參見李孝定甲骨文集釋第三丞字下。

# 第三章　六書總論——六書說的起源及其流變

## 第一節　六書之名爲後賢所定

依照傳統的說法，都認爲有關六書的名稱，早在周禮上已有明文，應該是積古相傳的文字法則，再加上班固把六書稱爲「造字之本」，後世學者更視六書爲文字構造的定律。事實上，周禮地官保氏一節下說：

保氏掌諫王惡，而養國子以道，乃教之以六藝：一曰五禮、二曰六樂、三曰五射、四曰五馭、五曰六書、六曰九數。

只是空舉出了六書的名目，至於六書的內容到底是什麼，則付諸闕如。鄭康成注周禮引用了鄭衆的說法，云：

六書：象形、會意、轉注、處事、假借、諧聲。

雖然充實了六書的內容，但是是否周禮所謂六書的原意，就很難有定論了。所以張政烺氏力排衆議，而創六書爲六甲之說（註一一），雖亦未必得其眞義（註二），然於傳統學說之外另闢途徑，尋其源流的精神，頗値敬佩。班固在漢書藝文志六藝略小學類後敍中說：

古者八歲入小學，故周官保氏掌養國子，敎之以六書，謂象形、象事、象意、象聲、轉注、假借，造字之本也。

他也認爲六書典出周禮。到了許叔重的說文敍，更替六書一一作了解析：

周禮八歲入小學，保氏敎國子，先以六書。一曰指事：指事者，視而可識，察而見意，二二是也。二曰象形：象形者，畫成其物，隨體詰詘；日月是也。三曰形聲：形聲者，以事爲名，取譬相成；江河是也。四曰會意：會意者，比類合誼，以見指撝；武信是也。五曰轉注：轉注者，建類一首，同意相受；考老是也。六曰假借：假借者，本無其字，依聲託事；令長是也。

綜論最早有關六書的討論，不外這三家，而鄭衆、班固、許愼都是漢朝人，以後學者對六書名稱與次第的異說也不少（註三），但是各有一偏之見，本文暫不討論。

六書的說法究竟衍生於何時，歷代學者說法不一，大約可歸納爲六派：一、謂六書始於造字之初者：清江聲六書說、清劉昌齡說文轉注假借說、清廖登廷六書說主之。二、謂六書之名始於倉頡而備於周、定於周者：淸岳森六書次第說、近人廖平六書舊義主之。三、謂六書備於倉頡而其名定於周者：清王鳴盛蛾術編六書大意主之。四、謂六書備於倉頡，其名亦定於倉頡者：清迮鶴壽蛾術編注、清葉德輝六書古微主之。五、謂六書之名皆周代學者所定：近人許篤仁轉注淺說主之。以上五派的學說（註四），或侷限於倉頡造字的傳說影響，或受到周公制禮作樂，因而製作周禮的看法影響，有了先入為主的觀念；又認為有了六書的法則後才有完備的文字產生，當然就不易有持衡之說了。晚近學者，另有以六書皆後賢所定說一派：清王筠說文釋例卷一云：

六書之名，後賢所定，非倉頡先定此例而後造字也，猶之左氏釋春秋例，皆以意逆志，比類而得其情，非孔子作春秋先有此例也。

近人金鉞說文約言中也說：

六書之字，既相因而生，則六書之名，必非上古所有，古聖制字，絕不能先立六書之名，而後按六書以制字也。

以上二人都對積古相傳的說法提出異議，以為六書之法並非造字的原則。但是都出自推論而沒有提出學理上的證據，蔣伯潛文字學纂要說得更為透澈：

學說既經發明，苟稍有價值，必有人祖述。六書如古有此說，且為造字之本，何以除周官及其注，與班志、許敍外，先秦古籍中絕不曾見？從周初到漢末，已逾千年，即自戰國到漢末，亦已數百年，何以西漢人也絕未說及？而且漢志所錄「小學」一類之書，明為古代教學童識字的課本。據段玉裁說，倉頡訓纂都是四言韻語。……凡將篇為七言韻語，急就篇是三言七言韻語。羅迦陵重輯倉頡篇序說：「古之字書，說文、玉篇等說字形者為一類，急就與南北朝之千字文為一類。」……從前教學童識字，除用字字分別的「方字」外，都集有用之字，編成韻語，以便於熟讀，至多在使學童記其字音、字形、字義而已；從未有以「六書」之說教學童者，則保氏以六書教小學中國子之說，恐亦非事實。

又說：

是六書之說，實起於西漢末古文經出世之後，不但非周公時所已有，且亦非西漢中世以前所有了。

更進一步由文獻上指出六書之說不當早於西漢中業。

許敘說：

尉律：學僮十七已上始試，諷籀九千字乃得爲史，又㠯八體試之。郡移大史幷課，〔取者以爲尙書史，書或不正，輒舉劾之。今雖有尉律不課，小學不修，莫達其說久矣。

又說：

壁中書者：魯恭王壞孔子宅，而得禮、記、尙書、春秋、論語、孝經。又北平侯張蒼獻春秋左氏傳。郡國亦往往於山川得鼎彝，其銘卽前代之古文，皆自相似；雖叵復見遠流，其詳可得略說也。而世人大共非訾㠯爲好奇者也，故詭更正文，鄉壁虛造不可知之書，變亂常行，㠯耀於世。諸生競逐說字解經誼，稱秦之隸書爲倉頡時書：云父子相傳，何得改易？乃猥曰馬頭人爲長，人持十爲斗，蟲者屈中也。廷尉說律，至㠯字斷法，苛人受錢，苛之字止句也。若此者甚衆，皆不合孔氏古文，謬於史籀。俗儒鄙夫，翫其所習，蔽所希聞，不見通學，未嘗覩字例之條，怪舊埶而善野言，㠯其所知爲秘妙，究洞聖人之微恉。又見倉頡篇中幼子承詔，因曰古帝之所作也，其辭有神僊之術焉。其迷誤不諭，豈不悖哉！

正是當時經學界今文學盛行的寫照。不可諱言的，今文學對於經書固然能於經義多所發揮，甚至推及於現實的政治環境上，但是部份今文學者對於經書文字的考釋，是比較荒疏的（註五）。甚而出現許叔重所痛心疾首的現象亦不足爲怪。古文經出土以後，在文字上必先加以考釋，然後方能明經述義，由於在漢宣帝時倉頡篇已尟人可讀，這種考釋的工作當然要格外愼重。古文經在劉向劉歆父子以前雖然各有傳授，但是大力加以倡導，並且希望能於今文經併行於官學的，則非劉歆莫屬。這也就是後世不信古文者動輒就以劉歆爲輔佐王莽篡位而徧僞諸古文經的原因。歆爲王莽國師，固然在人格上留下汚點，但是要指控歆徧僞諸經，則不免爲無的放矢的門戶之見，是以錢賓四先生列其不可通者二十有八端（註六），劉歆千古之寃，庶幾可明。

劉歆既然推崇古學，當然對文字上的體認也就更深刻，因而試圖對文字的結構加以分析，也是想當然耳的事。究竟六書的法則是否由劉歆創始已經無法可考，但不論劉歆是傳述師說或是自有𠧪見，六書的學說從此開始有了明顯的傳授痕跡。漢書雖係出自班固的手筆，但是漢書藝文志却是刪節劉歆的七略以成（註七），由是可知漢志所謂的六書說根本就是劉歆的學說。而鄭衆受學於其父鄭興，興又從劉歆問學（註八），所以鄭衆該是劉歆的再傳弟子。在注周禮時，就用師承分析文字結構的六書說來闡述。許沖獻說文表云：「臣父故大尉南閣祭酒愼，本從逵受古學。」而賈逵的父親徽從劉歆受左氏春秋，兼習國語周官，逵悉傳父業（註九），是知許愼是劉歆的三傳弟子。有感於當時學者在文字上的「巧說衺辭使天下學者疑」的情況，自然更要强調遞相授受的六書法則了，這樣看來，最早討論六書的這三家，自有其淵源和傳授的脈絡，高師仲華謂「後出而轉精」（註十），自劉歆首創，鄭衆加以修飾，許愼更發揚光大。而此六書究竟是不是周禮所謂的六書，固不必論，自然跟倉頡或周公，都更牽扯不上關係了。

## 第二節　六書的名稱與次第

今日通行的六書名稱，創自劉歆的有象形、轉注、假借；創自鄭衆的有會意；創自許愼的有指事、形聲。這些在稱謂上的改變，固然由於他們對各書的界說稍有出入，一方面也在逐漸地加密，讓名實更爲相符。劉歆所謂的「象意」，到鄭衆易爲「會意」，特別强調出合體字「會合」的特性，替指事與會意劃明界限，可以說是神來之筆；但是鄭衆雖然以「象事」之不妥而易之爲「處事」，使指事與象形不致混淆，但是又會和俗語待人處事之意相混；易「象聲」爲「諧聲」，旣僅偏重在文字的聲音上，又容易誤會爲音樂上的諧和音律，仍嫌不夠明確。所以許愼又易「處事」爲「指事」，强調指明其事；易「諧聲」爲「形聲」，表明此類合體字一體主形一體主聲。更替各書下了明確的定義，且一一爲之舉例。鄭、許二氏爲師說推波助瀾，終使六書的名稱有了定說。

至於六書的次第，三家的說法較爲紛歧。其中劉歆與許愼二說的差別在象形與指事、會意與形聲的先後位置。如孔廣居說文疑疑論六書次第、王筠說文釋例、岳森六書次第說、金錫齡上張南山姑倩書、黃以周六書通故、徐紹楨六書辨、胡蘊玉六書淺說、金鉞六書約言、朱宗萊文字學形義篇等皆以漢志之說爲正。他們認爲：一、有物而後有事，指事不宜在象形之先。二、形聲之門兼象形、指事、會意以爲聲，於省聲尤可見，如「肘」从肉寸會意，「紂」、「酎」等字从「肘省聲」。戴震答江愼修先生論小學書、王鳴盛蛾術編六書大義、張行孚說文發疑六書次第說、程棫林六書次第說、張度說文解字索隱六書易解、尹桐陽說文六書之原始、章太炎小學答問等則以許說爲正，主張：一、以生物論，形先於事，以造字論，事不必後於形。二、六書次第當以制字先後爲敍，制字莫先於一畫，一之形，於六書爲指事，說文始於一，故指事宜首列。三、會意之字有以形聲爲意者，若「信」从人言會意，而言卽形聲字。（註十一）各成壁壘，爭論不休。鄭說次第較參差，然葉大慶考古質疑、黃以周六書通故、顧實中國文字學（註十二），也能爲之理出脈絡，自成體系。依鄭氏之意，或言會意有由繁雜之圖繪以見意的，如「牧」、「牧」之以鞭牧牛羊，「埶」之人以木植執土中，在文字的構造上說，仍與「畫成其物」類似，所以次「會意」於「象形」之後。而「轉注」則是爲適應語言變遷等原因所形成的「數字一義」，雖字形增加了，字義却不變。如「老」與「考」、「囱」與「窗」，雖有二形，仍不出爲一義。而「處事」旣是虛象，其意義自然不如象形有具體固定的實體，因此「一」可謂「一個人」，也可說「一棵樹」；「上」可謂「人站在地上」，亦可指「鳥飛在天上」，其指不定。所以「轉注」次於「會意」之後，「處事」又次於「轉注」之後。而「諧聲」字有初爲假借，而後爲避免困擾而造字在後的，如減渻本無字，借「省視」之「省」爲之，爲避免意義之相混，又於假借義上加形作「渻」作「㮐」，所以次「諧聲」於「假借」之後，而「諧聲」衍成之後，文字無不可造（註十三）。徐鍇更創六書三耦說：

凡指事、象形義一也，物之實形有可象者則爲象形，山川之類皆是物也。指事者，謂物事之虛无不可圖畫謂之指事、形則有形可象，事則有事可指，……故曰象形、指事大同而小異。會意亦虛也，無形可象故會合其意，……形聲亦實也，形體不相遠，不可以別，故以聲配之以爲分異，……大凡六書之中，象形、指事相類，象形實而指事虛；形聲、會意相類，形聲實而會意虛；轉注則形事之別，然立字之始，類於形聲而訓釋之義與假借爲對，假借則一字數用，……轉注則一義數文，……凡六書爲三耦也。（註十四）

其後蔡金臺、龍學泰等人承之，亦各有其三耦說，王鳴盛則分六書爲君臣佐使（註十五），雖然各自劃分有異，均希望把六書作綜合整理。但各家六書次第之論，均囿於「六書爲造字之本」的看法，所以都不能成爲定論。顏師古注漢書，訓六書爲「立字之本」，容庚說：

六書之分類以構造之原理爲標準而不以歷史之演變爲標準。若從演變之歷史觀之，則象形及指事爲第一級，會意及形聲爲第二級，轉注及假借爲第三級。同一級之文字不必造於同時，惟若文字若經歷三級或兩級，其先後之次序，必如上述。（註十六）

容氏指出六書之分類以構造之原理爲標準而不以歷史之演變爲標準，可謂正本清源之論，但是將文字分作三級，顯然受繫傳三耦說的影響頗深，其以假借爲第三級，形聲爲第二級，劃分就未必當，如「須」之與「盨」，「率」之與「衛」，前者假借，後者形聲，孰先孰後，自不待言。

雖然近世多半都採用劉歆所定的六書次第，本文下節論及六書分論，爲方便計，也仍採用劉歆舊次，但是要論六書之次第，恐怕要從另外一個角度來看。弓英德先生說：

第一、就造字之先後言，六書無所謂先後次第。……文字之製造，必非出於一人之手，……史籀與古文或異，自當有其創制。文字既非一人所造，且逐漸增加，何由知其先後？各個文字造成之先後，既不可知，何所據而定六書之先後次第耶？如依據特殊之一二字，論其某字當先，某字當後，則難免舉偏概全之弊。此其一。六書乃文字造成以後之分類，非造之前，先規定此六種造字之方法，使造字者遵以造字，此乃盡人皆知之事，……六書既非造字之條例，造字者於仰觀俯察之際，必不先造指事之上下，再造象形之日月；或亦不必先造象形之日月，再造指事之上下。其他孳乳而寖多者，如形聲、如假借等，則更不待言矣。凡此均足以說明造字之何先何後，實不可曉，則六書之先後次第，又可强爲之規定乎？此其二。造字既非一時一人之事，尤非先將第一類之字，無論其指事或爲象形，全部造完，再造第二類字；第二類之字，全部造完，再造第三類字，以次而至於第五類、第六類，必不然矣。執是以論，則象形之字，不必全先於指事，指事之字，更不能全先於象形。亦酎之與肘，先造會意，始有形聲，而無礙於信之與言，先有形聲，始造會意。是六書分類之文字，或先或後，必不可窮其次第，安可以造字之先後，而定六書之次第耶？此其三。且許氏說文，亦未嘗以造字之先後，作爲分別部居之依據，部首且不必先於其从屬。如附於田部下，而金文中疇皆作，是不必後於疇，田字亦不必先於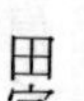也。字附於鳥部鳳下，而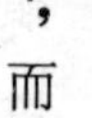爲象形，鳳爲形聲，豈象形反在形聲後乎？如此者尚多。是許氏已不以造字之先後爲次序，故知以造字之先後定六書之次第，必不可矣。此其四。總之，造字之先後，自爲一事；六書之次第，又爲一事。如執造字之先後，以求六書之次第，是緣木而求魚也，必無道理。易言之，則六書無所謂先後次第。

第二、就文字之分類言，六書可有其先後之次第。六書應視爲我國文字之分類法，而非在造字之前所立之造字法。……我國文字分此六類，實至爲允當，蓋所有文字，無出此六類之外者；而六類之中，亦各有所屬，去一而不可者也。六類之分，又原乎我國文字之三要素。三要素者何？形、聲、義是也。……竊以爲象形、指事二者，應統於形：象形，象其具體之形也；指事，指其抽象之形也，亦卽許序所謂依類象形之文也。形聲、假借，應統於聲：形聲，形其聲也，若音符文字者然，特均另有意符耳。假借者，以聲相借也。會意、轉注，應統於義：會意者，合二字以上之意，而另成一新義也；轉注者，以義爲主，而輾轉相注也。此乃自然之理，非强爲之割裂區分也。先有其形，然後始能讀其音而識其義，此亦自然之序也。就文字分類言，不有先後之次第可乎？（註十七）

基於以上的觀點，弓先生把六書的次第，就文字的分類作了以下的安排：

一象形——具體之形（實）。二指事——抽象之形（虛）。以上二者屬於形類，王貫山所謂猶人之有形也。三形聲——本字之聲（實）。四假借——借用之聲（虛）。以上二者屬於聲類，王貫山所謂猶人之有影也。五會意——會本字之義（實）。六轉注——轉他字之義（虛）。以上二者屬於義類，王貫山所謂猶人之有神也。是則合六類爲三組，以形聲義爲序，猶人之先有形，而後有影，而後有神也。每組之中，前者爲實，後者爲虛，亦合前人虛實三耦之說，如此排列，其庶幾乎？

雖說從造字先後言六書無所謂先後次第，就文字的分類來看，弓氏的次序也有獨到的看法；然而從文字構造的繁簡與衍成的因果來分析，也可以替六書理出一條相因相生的發展脈絡來，這個脈絡待六書個別的分論介紹完以後再來討論。

## 第三節　六書體用探微

前賢既承「造本之本」的說法，於六書多所發揮，但是試圖對文字的本形、本音、本義加以分析探討，對象形、指事、會意、形聲四類的劃分，只要掌握住各書的特性與構造原理，可以說瞭如指掌。但是對轉注、假借二書，則是羚羊掛角，無跡可尋，爲了消弭這種困擾，鄭樵提出了一種新的看法，謂：

獨體爲文，合體爲字。觀乎天文，觀乎人文，而文生焉。天文者，自然而成，有形可象者也。人文者，人之所爲，有事可指者也。故文統象形、指事二體。字者孳乳而寖多也，合數文而成一字者皆是，卽會意、諧聲二體也。四者爲經，造字之本也。轉注、假借二者爲緯，用字之法也。（註十八）

明朝的楊愼也提出了類似的看法：

固意若謂六書四者有象，故以象名，假借轉注則隱于四象之中，而非別有字也。大抵六書以十爲分，象形居其一，象事居其二，象意居其三，象聲居其四；假借則借此四者也，轉注則注此四者也。四象以爲經，假借、轉注以爲緯。四象之書有限，假借、轉注無窮也。（註十九）

至戴東原乃提出分六書爲四體二用之說，云：

大致造字之始，無所馮依，宇宙間事與形兩大端而已。指其事之實曰指事，一二上下是也。象其形之大體曰象形，日月水火是也。文字旣立，則聲寄於字，而字有可調之聲，意寄於字，而字有可通之意，是又文字之兩大端也。因而博衍之取乎聲諧曰諧聲，聲不諧而會合其意曰會意。四者，書之體止於此矣，由是至於用。數字共一用者：如初哉首基之皆爲始，卬吾台予之皆爲我，其義轉相爲注曰轉注。一字具數用者，依於義以引申，依於聲而旁寄，假此以施於彼曰假借。所以用文字者，斯其兩大端也。（註二十）

段玉裁於說文敍之注申其師說，云：

轉注、叚借所以包括訓詁之全。……戴先生曰：指事、象形、形聲、會意四者，字之體也；轉注、叚借二者，字之用也。聖人復起，不易斯言矣。

王筠、朱駿聲、廖平等皆宗戴、段之說，信之者頗衆。

但是，旣如前節所論析，六書之分類是以文字構造的原理分而不是以造字的歷史分，旣不可謂六書造字，更不可分六書爲造字與用字。所以用字必有一先決條件——文字已經肇造完成以後才能推之於用。就如同屋子已經建好了，方能居處作息而有屋之用；瓶子要作好了，才可蓄水容物以有瓶之用。按照這樣的脈絡，轉注、假借是用字的方法，就不會有新的字體藉轉注、假借而生。所以徐鍇說：

假借則一字數用，如行（莖）、行（杏）、行（杭）、行（沆）。轉注則一義數文，借如老者直訓考耳，分注則爲耆、爲耄、爲壽焉。（註廿一）

段玉裁再加以發揮：

異字同義曰轉注，異義同字曰叚借。有轉注而百字可一義也，有叚借而一字可數義也。（註廿二）

因而主張這個學說的學者們認爲：

凡是同一語根、同一意義，由於時間、地域之不同，而造出不同形體的文字，它們之間相互溝通，便是轉注。至於因爲同音多同義，紀錄語言時，對於未曾造出文字的語詞，不得不借用已造出的同音字代替，這就是假借。所以轉注是溝通文字的重複，假借是補救文字的不足。（註廿三）

然而仔細分析一下：這種說法有好幾點疑問需要加以澄清。首先，既然造字非一人一時一地，究竟要到什麼時候才算完成，再推之於用？其次，用字與訓詁二者有沒有差異？更重要的是：轉注和假借究竟是用字的方法還是文字構造的方法？透過轉注、假借有沒有新的字體產生？

文字既然是語言的紀錄，當然跟語言有密切的關係，因此當語言因時空的差異改變以後，既有的文字不足以紀錄改易過的語言，只得以原有的字作基礎，另行再造一個能適應變遷以後的語言的新形聲字來達成文字本身的功能。馬敍倫說：

轉注字之發生，由於土地廣大，語言複雜，同一事物，甲地呼某，乙地呼某，丙地又呼某。如揚雄方言曰：「盂、宋楚衞之閒或謂之盌。儋、齊楚陳宋之閒曰㼜。」則盌爲盂之轉注字，㼜爲儋之轉注字。蓋一事一物而因方音不同，遂因原有之名，而從此土之音，爲之別造一字，故一義而有數字也。（註廿四）

如本已有「老」字，老屬「象形」（註廿五），但因語言變遷讀作「丂」聲，不得已，只有另造从老省丂聲的「形聲」之「考」字誌之。絕不是說，「老」、「考」二字已個別造好，轉注之法僅僅是溝通他們之間同義的關係而已。更顯而易見的是，如不是以「老」字爲基礎，又何來「从老省丂聲」的「考」字呢？此外，當字形或字義容易引起混淆或困擾的時候，透過轉注的方法另造一字也往往是解決問題的最佳途徑。假借的成因則係由於語言中有其聲音，而造字時不好造，或者根本沒辦法造，只得在已有的文字當中找一個已有的同音字代替。馬敍倫說：

蓋假借字，不但假借彼字之形以爲此字之形，亦假借彼字之聲以爲此字之聲，獨義則不以彼字之義爲此字之義。（註廿六）

如「公」字本義爲平分，但是五等爵之「公」，象形、指事既無法表之，意又不可會，不過因爲在語言中之讀音和已造好平分之意的「公」字相同，因而借代之。是以轉注和假借皆不必待非一人一時一地而造的文字全造成以後，方能相轉相假。

再說，既然形、音、義是文字的三大要素，因而衍成文字、聲韻與訓詁三方面的探討。如果像段氏所謂「轉注、叚借包括訓詁之全」，那末字形跟字義的界限又將怎麼劃分呢？陳澧說：「蓋六書者字之體，訓詁者字之用。」（註廿七）可謂係對用字所下最明確的註脚。戴東原以互訓爲轉注，然而互訓雖爲用字之法，能互訓的字未必都是由轉注的方法逐漸形成，其間未必符合轉注的條件。如戴氏所舉之初哉首基，說他們是訓詁用字，孰曰不宜？所以我們在作文章時，可以用「起初」，也可用「原來」、「基本」或者「首先」，彼此之間互相代用，對於文章的意義並沒有什麼差別。可是求之本義，初爲裁衣之始，哉爲才的假借字，才的本義是艸之初，首爲人之頭，基爲牆之始，各有來由，要說他們是由轉注的方法相因而生，就頗有問題了。所以章太炎說：

泛稱同訓者，後人亦得名轉注，非六書之轉注也。同聲通用者，後人雖通號假借，非六書之假借也。（註廿八）

汪寶榮轉注說云：

象形、指事以獨字爲造字，會意、形聲以合字爲造字，轉注以改字爲造字，假借以不造字爲造字。

其說雖稱六書爲造字，但是易其造字爲文字構造之原理後，正好與事實相符。其「以不造字爲造字」之說，最爲人所詬病。「然則假借字其本身或爲象形字，或爲指事字，或爲會意字，或爲形聲字，皆各有本義，而經假借爲某字，則別具條件，與其本身幾若全無干涉。此假借所以亦爲造字之本也。」（註廿九）以「公」字爲例，假借爲五等爵後，除「公分」之意外又生出「公爵」之義，此所謂「以不造字爲造字」，所以「一字數義」是假借的特色。

馬敍倫又說：

轉注字者，必以乙字對甲字而後明，徒以甲字言，則見其爲象形、爲指事、爲會意、爲形聲，而不如其何以爲轉注也。如口喙轉注，口爲本字，而口則象形也。血衁轉注，血爲本字，而血乃指事也。考老轉注，老爲本字，而老爲會意也。萌芽轉注，萌爲本字（萌爲民之後起字，而民乃象艸萌之形，故知萌爲本字，芽爲轉注字。）而萌乃形聲也。徒以乙字言，則見其爲形聲，而亦不知其何以爲轉注。如喙、衁、考、芽皆形聲也（轉注字無非形聲字者）。由此言之，轉注字卽形聲字，而別立轉注之名，且亦與乎造字之列者，以因老而造考，因萌而造芽，因口而造喙，因血而造衁。雖用形聲之法式，而必建類一首，同意相受，具此嚴格之條件，蓋此卽轉注字之構造也。轉注之字，許書中實占十之三四，徒以其形式與形聲無別，前人不察，因生謬說，乃至於象

形、指事、會意之外求所謂轉注字，斯所以愈惑也。（註三十）

以上不但說明了轉注既爲文字構造原理之一，透過轉注也是新字陸續產生的途徑之一，也說明了爲何就一字的本形、本音、本義求之找不到轉注字的原因。

段玉裁分假借爲三變：於「本有其字」的假借與「本無其字」的假借之差別，首云係「本有字而代之，與本無字有異」，接着又以「然或叚借在先，製字在後，則叚借之時，本無其字，非有二例，惟前六字（謹案卽本無其字之假借）則叚借之後終古未嘗製正字，後十字（謹案卽本有其字之假借）則叚借之後遂有正字耳。」（註卅一）爲說，兩相矛盾。就說文加以探討，文字有時爲了避免假借以後所引起本義與假借義相混淆的困擾，往往有在假借義上另加形符，再造新字來代表假借義以求別異的。如由「率」字加「行」，成爲「从行率聲」的「𧗿」字後，「捕鳥畢」的本義與「將𧗿」的假借義因得以明。由「省」而加「水」或加「木」，再造「渻」或「㮐」字，「省視」之本義與「減渻」之假借義立卽可分。正好合乎段氏後一說「假借在先，製字在後」的說法，於二說之去取，不待辨已明。又有時文字的本字爲假借義所專，久假而不歸，也有另在本義上另加形符，再造新字以代表本義以求補救的。這種情形也常有：如「莫」字既爲「莫須有」之假借義所專，只得加日另造「暮」字來表示「日且冥」的本義。「然」字既爲「然而」的假借義所專，於是再加火另造「燃」字來表明「燒」的本義。這樣說來，假借和轉注相若，也是孳乳構成新字的途徑，不能僅以「用字」侷限它，這是很明白的。

分六書爲四體二用的看法既不可信，在字形的分析中，又析不出轉注和假借，那要怎麼劃分，才算合理呢？弓英德先生說：

轉注、假借皆造字之變法也。何以謂之變法？曰：四象爲造字之正法，一切文字盡於此矣。其道窮也，窮則變，變則通，不得不有轉注、假借之變法，其義不困窮也。然則轉注與假借，其法亦有不同否？曰有。本有其字，義嫌廣泛，乃取其義而詳察細分之，利用四象之法，另造一字，是爲轉注（謹按這只是轉注中的一部份，詳見轉注一章）。本無其字，而借用四象中他字之音，以表其意，是爲假借。轉注者，以彼注茲也。假借者，告貸於人也。

又說：

轉注與假借，亦有同乎？曰有。皆造字時通權達變之法，非純爲用字，皆與造字有關者也，皆合於孳乳相生之道者也，故謂之造字之變法。如僅留四象，去此二書，則文字之義，無所總歸。

（註卅二）

高師仲華亦云：

轉注者，數字一義，雖別造數字，如未造新字。假借者，一字數義，雖未造新字，如別造數字。前四者得造字之正，此二者爲造字之變。（註卅三）

從文字的構造來看，有獨體象具體實物的象形及象抽象事物的指事，亦有合體以形加形的會意及以形加聲的形聲，這是構造的正法。所以對單字的解析，也只能找出這四種基本方式。轉注則包括了另造出來轉相注明的新字與原來已有的字，而以原來已有的字爲基礎去另造的新字，都是形聲字，「許書九千餘文，形聲之字居十之九以上，而轉注又居形聲字中三之二而奇紺也。』「轉注雖爲造字之一類，而其本身卽形聲，故不可復其例也。」（註卅四）假借是補救語言有其聲而文字無其字時一種變通的辦法，「假借雖爲造字之一類，而其本身卽象形或指事，或會意或形聲，故不可復出也。」（註卅五）以轉注、假借爲文字構造的變法，一切困擾迎刃而解。

## 第四節　六書非漢字所獨有，其分類亦非絕不可易

董同龢先生曾就世界各類文字的三大來源：古代埃及的文字、古代美索不達米亞的文字、中國的文字加以分析，說到：「雖然埃及文和美索文都已在一千多年甚或兩千年前失傳，可是經過近代歐西學者的研究，知道它們原來也是起於形與義的徵表，而且文字制作的方法也竟和我們大體相似。研究早期埃及文和早期美索文的人，都把那兩種文字作如下的分類：

㈠物體的描繪。……凡這一類的字，他們都稱爲 pictographs，如果拿我們的文字學術語來說，豈不就是『象形字』嗎？

㈡抽象意念的徵表。……凡這種字，西方學者稱之爲 Ideographs，說他們相當於我們的『指事』和『會意』，總該沒有什麼錯誤吧（註卅六）？

㈢遇到一些不好畫出來，或者是根本沒有法子畫出來的意念，則在已有的字體中借用音同或音近

的字體來兼代。這種辦法，豈不就是我們所謂『本無其字，依聲託事』的『假借』嗎？凡是這樣用的字，因爲所取只是字音，西洋人就稱之爲Phonographs。Phonograph的應用，在埃及文與美索文都比我們中國文廣泛。

㈣爲免除因假借而起的誤會，有時候，在Phonograph的前面或是後面，又可以附加一個相關表形義的字，叫做Determinative或Classifier使那個字容易辨認。如此，就構成一些和我們的『形聲字』相同的複體，叫作Phonetic compounds，而所謂Determinative或Classifier，用我們的情形來比，也就等於『江』『河』等字的『水』旁了。所差的只是：

偏旁的應用，在埃及文和美索文都不如我們多，並且他們似乎只在非用不可時才臨時出現，很少固定的和某個假借字配合，永遠代表某個語詞的情形。」

董先生又舉出在雲南麗江一帶的麼些族所用的「麼些象形文字」來作參考，麼些文字據說起於南宋，到現在有一千多年歷史，而麼些文是獨立發展的，沒有受漢字的影響，其構造也與漢字的六書並無不同。所以說：「所謂『六書』者，本來是文字產生初期『人同此心，心同此理』的造字程序，比中國文字早兩千年的埃及文和美索文是那麼形成的，比中國文字晚兩千年的麼些文也是那麼形成的。所以，實實在在的說：六書並不是我國專有的『國粹』。」（註卅七）

六書既不是漢字所獨有，他們的界限是否很嚴密呢？戴師靜山說：

指事一名，班叫做象事，鄭叫做處事，許叫做指事。照許愼所下的界說和例子看，鄭許兩家的意思是相同的，而和班就所見有異了。譬如「上」「下」「本」「末」等字，照許鄭叫做處、指，意思恰合，所以許愼說文序和說解中，只舉了「上」「下」兩字，算是指事，而把「八」「厶」「丩」「囗」等字，都說是象形，却與「畫成其物，隨體詰詘」的界說不合。但照班固的名稱看，「八」「厶」等字，恰是象事。會意一名，鄭許相同，班叫做象意。照「武」「信」等字看起來，自然鄭許的名稱很合，而照「射」「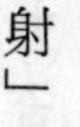伐」「寃」「戾」等合形見意的字看起來，却是班名爲妥。這大約鄭許處事指事之名，只是就了「上」「下」「本」「末」用符號指表的一類字定的，班固的象事，只就「厶」「丩」「囗」「冂」等虛象形表的一類字定的。而鄭許的會意，只就武信等比類合誼以見意的字定的，班固的象意却只就等合形見意的字定的。他們所見的只是一部分，並沒有把所有的文字都細細核分過，這是古人的法疏，後人的法密，也不必替他們諱的。並且還有些文字，似乎是跨兩法，而實在是在六法之外的。如「夭」「禾」「大」「釆」等字，形體上是「畫成其物，隨體詰詘」，似乎是象形，然而其義並不滯物象，所以象形不能包括它們；意義上是「視而可識，察而見意」，似乎是指事，然而結體是借了實象表現出來，和虛擬的形不同，所以指事又不能包括它們。又如「𠂢」「帀」「𢇍」「丸」等字，似乎是會意，而不是比類合誼，和「武」「信」一樣；似乎是指事，也和「上」「下」所用指表不同，所以這兩類字，實在是六書不能包括，而當另闢新域的。由前面兩層緣故，所以後代研究文字學的人，分類每有衝突。象形和指事意見各有不同：如王筠以「八」「夭」等字屬指事，而黃以周、人廖登庭、岳森則以爲象形。朱駿聲以「爪」「丮」等字屬象形，而王筠以爲指事。指事和會意，取意見亦有不同：如江聲以「莫」「閏」屬指事，而別家都以爲會意。王筠以「𠂆」「帀」等字屬會意，而朱宗萊以爲指事。至於轉注一書，更是聚訟紛紜，莫衷一是。（註卅八）是以時下各家文字學的著述雖多，對於六書之界限及舉例，常有相互抵牾之處，令初學者無所適從。戴師的「中國文字構造論」一書，就試圖拋開這些爭議而改弦更張，另起爐竈。

美國支加哥大學教授吉爾伯（I.J. Gelb）在文字學一書中論及世界各國古文字時，曾舉楔形文字之祖的蘇末文（Sumerian），古埃及文字，赫泰文字（Hittite）以及中國文字爲例，也分出原始的、引申的、圖式的、義符的、代音的、音符的六類，戴師以原始的單獨形象相當象形，原始的聯合形象相當於會意。而引申的一類是從原始的圖畫聯想出來的，雖略相當於許愼所謂的「本無其字，依聲託事」，但是原來的假借只是憑音而無關於義，所以戴師以爲：稱之爲假借，實不如目爲聯想之恰當。而聯想則在傳統六書中無跡可尋。圖式的字不是天然的圖畫，只是人意所構成的種種幾何圖形。這和中國六書裡「視而可識，察而見意」的指事相當。義符的方法是在基本字上再加上一種表示意義的決定字，正如中國文字所謂的偏旁，相當於戴師析論的轉注——簡言之，戴師以形聲字聲母不兼義的是形聲，兼義的便是轉注。代音的在象形會意等無法造出的文字，使用同音的字來代替它。正與假借相當。音標的方法，是在字上加標音的部份，以表明這字的正確的讀音。這顯然是中國六書的形聲。戴師說：

吉氏歸納近東三古國及中國文字爲六類，和中國古人歸納他們所見到的文字爲六類，情形是相同的，不過時代有後先而已。剛剛都是六，自然是偶合。實則中國六書要分至七類八類，乃至再多些亦可；少則只約爲形和聲兩大類，亦無不可。而吉氏的六書，自然不是不能改動的。古人造字，決不是先定好了若干名類，然後動手一一來製造，完全是仰觀俯察，觸興隨機，順其自然而造成的。（註卅九）

如是說來，六書的分類也不是絕對不可移易的。不過由於傳統的六書在國人的心目中，已經積古相傳，耳熟能詳，也不必驟然把它全部推翻。因此在後文的六書分論中，仍舊用這些傳統的分類法，只不過試圖把它們之間的界限作更清楚的劃分，各書就其定義，加以更明確的說明，藉此或能理出一條中國文字結構法的脈絡，用來作爲分析及明瞭漢字的輔佐。

註一：見中央研究院史語所集刊第十本「六書古義」。

註二：見龍宇純中國文字學第二章第一節周禮六書與文字學之關係。

註三：其他學說如顧野王玉篇云：「象形、指事、形聲、轉注、會意、假借。」陳彭年廣韻云：「象形、會意、諧聲、指事、假借、轉注。」鄭樵通志六書略云：「象形、指事、會意、諧聲、轉注、假借。」張有復古編云：「象形、指事、會意、諧聲、假借、轉注。」戴侗六書故云：「指事、象形、會意、轉注、諧聲、假借。」楊桓六書溯源云：「象形、會意、指事、轉注、諧聲、假借。」王應電同文備考云：「象形、會意、指事、諧聲、轉注、假借。」

註四：各家學說內容參看帥鴻勳六書商榷第一章六書原起所引。

註五：皮錫瑞經學通論經學昌明時代云：「前漢今文說專明微言大義，後漢雜古文，多言章句訓詁。」又云：「惟前漢今文學能兼義理訓詁之長。」然前漢博士說今也不傳。錢賓四先生兩漢博士家法考以治章句者爲今學，此即博士立官各家有師說之學也。今學之要徵，厥在其有章句，章句之煩，比自新莽前已然。其有不樂守章句師法者，當時稱之曰古學；古學必尙兼通。故好古學者，常治訓詁，不爲章句。然則東京所謂古學者，其實乃西漢初期經師之遺風，其視宣帝以後，乃若有古今之分，此僅在其治經之爲章句與訓詁，不謂其所治經文之有今古也。

註六：參看錢穆劉向歆父子年譜自序。

註七：漢志云：「歆於是總羣書而奏其七略：故有輯略、有六藝略、有諸子略、有詩賦略、有兵書略、有術數略、有方技略。今删其要，以備篇籍。」

註八：後漢書卷六十六鄭興傳：「鄭興字少贛，河南開封人也。少學公羊春秋，晚善左氏傳，遂積深忿，通達其旨，同學者皆師之。天鳳中，將門人從劉歆講正大義，歆美其才，使撰條例章句訓詁，及校三統歷。」又鄭衆傳：「衆字仲師，年十二，從父受左氏春秋，精力於學。」

註九：後漢書卷六十六賈逵傳：「賈逵字景伯，扶風平陵人也。……父徽，從劉歆受左氏春秋，兼習國語、周官。又受古文尙書於塗惲，學毛詩於謝曼卿，作左氏條例二十一篇。逵悉傳父業，弱冠能誦左氏傳及五經本文。」

註十：見高明小學論叢許愼六書說一節。

註十一：各家說法見說文解字詁林前編中六書總論引。

註十二：顧實中國文字學第三章第一節：「若鄭司農六書全次……則實有不可易之精義在也，說文敍曰：『依類象形』，又於會意則曰：『比類合誼』，於轉注則曰：『建類一首』，是象形、轉注、會意三者，得以一類字貫之也。此可證鄭說之精者一也。且指事之名事，固已，而說文又於假借則曰：『依聲託事』，於形聲則曰：『以事爲名』，是指事、假借、形聲三者，又得以一事字貫之也。此可證鄭說之精者二也。」黃以周六書通故云：「先鄭之意，六書以象形、會意、轉注爲初基，處事、假借、諧聲爲孳乳。處事與象形對，形不可象，而處事起，處事者，處其象形之窮也。假借與會意對，會意爲本義，其輾轉引申爲假借，假借者，假其會意之遠者也。諧聲與轉注對，轉注爲形意相顧字，其形意不相顧者爲諧聲，諧聲者，形聲字非形意之相轉注者也。」

葉大慶考古質疑云：「古人制定皆有名義，或象形而會意，或叚借而諧聲，或轉注而處事。」

註十三：高田宗周云：「象形、會意爲一類；如武字，止戈皆象形；如明字，日月皆象形。轉注、處事爲一類；上下指事而實轉注也。假借、諧聲爲一類：江河之從工可，實假借其聲也。」愚見卽就此說再引申發揮。又文中所謂「會意」、「轉注」、「諧聲」皆僅指其中一部份而言。

註十四：見說文繫傳二部。

註十五：詳見說文解字詁林前編中。

註十六：見容庚中國文字學義篇第三章第一節「六書」。

註十七：見弓英德六書辨正第一章「六書次第之商兌」。

註十八：見鄭樵通志六書略。

註十九：見楊愼六書索隱。

註二十：見戴震答江愼修論小學書。

註廿一：見說文繫傳二部下。

註廿二：見說文解字敍六書下段注。

註廿三：見文字學概說第二篇第一章六書概說。

註廿四：見馬敍倫說文解字研究法「說文轉注之字」。

註廿五：中興大學術論文集刊第一期弓英德六書篆變釋例云：「老字甲骨文作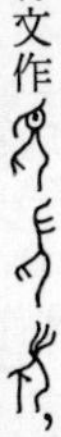，商承祚云：『象老者以杖之形』，金文變作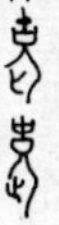，小篆變爲，許氏：『老，考也。七十曰老，从人毛七，言須髮變白也。』此說不謹，望文生義，且有毛則人字不全，有人則毛字不備，實難自圓其說。」以老爲象形字，篆變作會意字。

註廿六：見馬敍倫說文解字研究法「說文假借之字」。

註廿七：見陳澧「書江艮庭徵君六書說後」。

註廿八：見國故論衡上「轉注假借說」。

註廿九：見馬叙倫「說文解字六書疏證」說文叙假借條下注。

註三十：見馬叙倫說文解字研究法「說文轉注之字」。

註卅一：見說文叙假借下段注。

註卅二：見弓英德六書辨正第六章「論轉注及六書之四正二變」。

註卅三：見高明小學論叢「許愼之六書說」。

註卅四：兩引皆見馬叙倫說文解字六書疏證卷廿九說文叙注轉注條下。

註卅五：見馬叙倫說文解字六書疏證卷廿九說文叙注假借條下。

註卅六：由於抽象的意念有單純的和複雜的分別——也就是所謂的獨體與合體，獨體的抽象意念表徵與指事相當，合體的抽象意念表徵與會意相當。

註卅七：兩引皆見董同龢「文字的演進與六書」。

註卅八：見戴師中國文字構造論自序。

註卅九：見戴師梅園論學集「吉氏六書」一文。

# 第四章　象形通釋

## 第一節　釋名

許慎對象形一書所下的定義是「畫成其物，隨體詰詘」，還舉出了日月二字作爲例證。這樣看來，象形應該是用屈曲的線條把具體實物的形貌描繪出來的一種造字方法。劉師培說：

英斯賓塞爾之言曰：有語言然後有文字，文字與繪畫無二理也。蓋上古之時字皆象形，墨西哥之古文，埃及之古碑莫不皆然，中國古代之字亦然。凡象形之字卽古圖畫之變體也。……如日字篆文作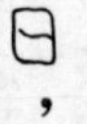，卽古所繪之日圖也；月字篆文作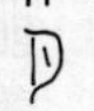，卽古文所繪之月圖也；气字篆文作，卽古文所繪之雲圖也；雨字古文作，卽古人所繪之雨圖也；山字篆文作，卽古人所繪之山圖也；水字古文作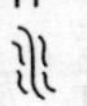，卽古人所繪之水圖也；田字篆文作，卽古人所繪之田圖也。若夫象身體之形者：如心字、囟字、目字、耳字、臣字、手字、呂字是也，此皆古人所繪身體之變形。象動物之形者：如鳥、隹、馬、象之象立形；虎、犬之象蹲形；鹿、鼠之象走形；蟲象臥形；巴象

盤曲之形是也，此皆古人所繪動物之圖之變形。象植物之形者，如穀類之來字、禾字、米字，蔬類之韭字、瓜字，以及竹、艸、林、木諸字是也，此皆古人所繪植物圖之變形。象器械之形者，如戶字、皿字、瓦字、戈字、弓字是也，皆古人所繪器械圖之變形。（註一）

那末用象形的方法所衍成的字，就要和實物維妙維肖才好，但是孔廣居說：

象形之文，若隸若楷，固已全失其眞，然卽篆文亦多有不合者。如日體圓也，篆乃方之；米粒短也，篆乃長之。若此之類，形義頗乖。（註二）

他提出了很多人共有的疑問。爲什麼象形字往往會和它所代表實物的形貌不盡相符呢？不外以下二種緣故：

## ㈠由於文字的流變與訛誤

### 1.文字本身的流變：

孔廣居所舉的日、米兩例，都是以小篆的字體來評論象形字，但是到小篆時，文字已經流傳數千年。徵之於甲文，日字或作  諸形，或爲多角形，或爲正方形，和日形不盡相同，這不過是因爲甲文是以刀刻契，易爲方不能爲圓形的緣故（註三）。到了金文、史頌鼎作 ⊙，仲辛父簋作 ⊖，倒是與實物相差不遠，而日中的點畫，則是表示與  字的別異（註四）。到了小篆，又由於行款而變成整齊的 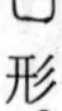 形。米字甲文作  諸形，「象米粒瑣碎縱橫之狀，古金文从米之字皆如此作。許書作米，形稍失矣。」（註五） 而小篆的變易，亦無非是適應行款之整齊美觀。

由於文字本身的流變，原來與實物相當相似的象形文字流傳愈久，與實物的距離就愈遠。再加上同化作用的關係，流傳日久，字形相似的異體往往全而為一。如說文下云：「相與比敘也，从反人，匕亦所㠯用比取飯，一名柶。」王筠說：「匕字蓋兩形各義，許君誤合之也，比敘之匕從反人，其篆當作，部中𠂔、匘、卬、卓、艮從之。一名柶之匕蓋本作，象柶形，與勺篆作相似，其物本相似也。勺之柄在下，之柄在上耳。部中匙、歧、頃從之。它部之從之者，此用比敘義，皀下云匕合也，亦同意。旨、皀、鬯皆柶義。……由此觀之，其為兩義，較然明白……乃許君合為一者，流傳既久，字形同也。」（註六）又如燕字甲文作，對實物作了很忠實的描繪，但是經過了古籀之變以及籀篆之變以後，燕之口部與廿字同化，頭部與口字同化，雙翅與北字同化，尾部與火字同化，由小篆的字形，要試圖推敲出實物的原貌，是不太容易找到痕跡的（註七）。這種情形在象形字中是屢見不鮮的。

2.簡化與訛誤：

此外，有些時候，文字的簡化與訛誤，也造成由象形文字來辨認實物的困擾。說文虎部虎下云：「虎，山獸之君，从虍，虎足象人足，象形。」段注本則改成「从虍从人」，以為是會意字。許、段的解釋字形，都是由小篆的下半去揣測。徵之於甲文，虎字有等形，毛公鼎作，番生𣪘作。金祥恒先生說：

至於虎字原是象形字，又何以訛為从虍从人呢？理由非常簡單，是由於文字簡省訛誤而成。本來的虎字要畫隻張口露牙、怒目豎耳、紋身長尾的虎，後來簡省其耳、其腹、其爪，也有省畫其足成為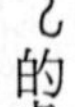的虎字，甚至有再省其身尾，僅畫其頭的。詛楚文誠由簡省其腹，僅存一足長尾斷身所成，因此把虎分為兩部份，成為从虍从人了，這就是所謂訛誤。文字中像這樣的例子很多。如古文奇字，本為側面人的形象，為金文的所訛誤，孔子曰：「在人下故詰屈」，這句話或出於緯書，不可置信。但人字確有詰屈的古義，代表詰屈的身體，而象人手，手與身本不能分開，但卻分開了。（註八）

## ㈡由於初文與繪畫不同

象形文字雖然是由圖畫中蛻變而出（註九），但是文字的主要功能是作為語言的紀錄而不僅僅在於描繪出實物的形貌而已。要用形符把語言紀錄下來，就必須把它衍成一種人人都認識，都會用的公器。當作保存語言的工具的意義，反而比保存實物原來的形貌的意義重要得多，即使原來是維妙維肖的實物也在這個簡單化及通俗化的要求下，變成了一種符號的作用。龍宇純說：

凡所表示者為具體實物，而係出之以寫實手法者，是為象形。如⊙即日月之形象。以寫實手法寫具體實物，則尚需加以補充。所謂寫實手法，並不同於繪畫之寫生；因為文字畢竟不是繪畫。文字上之寫實，其實等於繪畫中之寫意。象形文字只是繪出具體實物之輪廓，以其特徵顯示之而已。（註十）

象形文字的描繪方法本來就和圖繪不盡相同，再加上它又是跟語言結合以後的產物，當然不可以欣賞圖畫的態度來苛求它了。

## 第二節　象形文的肇造

一些學者談到象形字描繪的方法，往往用描繪的對象來分類舉例，以象天象、地理、人體、動物、器物、宮室等爲說，但是這不過是將象形文字可以取象的範圍下了名物的分類而已。象形文字到底是怎麼去描繪具體的實物？描繪的方法又有那些呢？

### ㈠從造字的先民們對實物觀察的角度看：

徐紹楨六書辨說：

象形之法，許君旣曰爲畫成其物，隨體詰詘，則凡畫之而不成爲物與物之不可以畫，及夫所畫雖有物而尤待系以他文其義始見者，皆不得爲依類象形也。於稽其類，有仰觀之形、有俯察之形、有正面之形、有旁面之形。之四者已盡畫之能事。

推想古代的先民們，由於大自然的激發，仰觀天象、俯察地理，見鳥獸蹏迒之跡，近取諸身，遠取諸物。從他們所處的位置去觀察外界實物的角度，不外是抬頭從下往上看——也就是徐氏所謂的仰觀，譬如說都是由仰觀取象而得的。居高臨下的觀察眺望——也就是徐氏所謂的俯察，，則是由俯察描繪而出的輪廓。對實物的正面去迎頭觀察——也就是徐氏所謂

的正面，又可稱爲正視或迎視，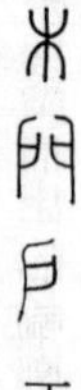正好是它們正面的造型。從實物物兩側去觀察——也就是徐氏所說的旁面，亦可稱爲側視，所顯示出來的都是動物側面的影像。此外，還有從實物的後方跟在後面去觀察的——稱之爲後視或隨視，與即由後視取象以成文。所以從先民們觀察實物的角度來看，象形文的取象有仰觀、俯察、正視、側視、後視的差異，這是我們要想透過象形字，試圖把實物還原前不可不知的。

## (二)就造字先民們取材與描繪的方式看：

先民們對實物觀察了解之後，並配合着語言去描繪這些實物的時候，所用的方法就有「全身、一體、工筆、寫意之殊」（註十一）。

### 1. 取材

從取材來說，所謂的全身，就是把整個實物都描繪下來。譬如甲文的與，是對象與犬的側面觀察以後，紀錄下來了整體的形象。固然大部份的象形字，都是取材於實物的全身，然而也有所謂的一體，却是僅用實物的一部份來代替全體。戴師靜山說：

用部份來替代全體，說得再明白一點，就是用某動物的頭部代表某動物。這可以算作古代的簡體字。如羊字在甲骨文裡很多，其作（凡甲骨文均採自孫海波甲骨文編）等形的，一望而知畫的是一個羊頭。也可有繁有簡，繁的把眼睛都畫出來，簡的只畫一個尖尖的臉形，上面長著環角。又有作形的，更是常見，這無疑是從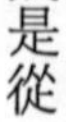變來，把象羊

臉的三角形▽，再簡化爲丫。羊字的小篆作羊。許愼說文解字說：「象頭角足尾之形。」王筠在文字蒙求中說：「上象角，下象四足及尾。」那就是丫象角丰象身與四足，直筆的下半象尾，是整個一隻羊。但這個小篆羊，不應說爲象頭角足尾之形，而應該也是羊頭的簡形。何以呢？鐘鼎文羊字作羊 羊 羊 羊等形，（採自容庚金文編）顯然象一個羊頭。而在舀鼎裡作羊，便和小篆一樣。這丰分明從▼變來，把▼變成小平橫，和圓點變成平橫是一樣的。（鐘鼎文的天小篆作天，𡰥作𡰥皆是其例。）所以羊字原象一個羊頭，是不成問題的。依羊字的演變看，牛字也是如此，牛字小篆作牛，說文解字說：「象角頭三，封尾之形。」段玉裁注云：「角頭三頭者，謂上三歧者象兩角與頭爲三也。封者，謂中畫象封也；封者肩甲墳起之處。尾者，謂直畫下垂象尾也。」那麼，雖沒有說到足，應該已算是整個的牛。甲骨文牛字作牛 牛 牛 牛等形，下面總是兩斜筆∧變成的。我們旣知兩斜筆的羊字，是羊頭的簡化，當然也可以推知，下面作兩斜筆的牛字，是牛頭的簡化。（註十二）

這種以部份代替全體的象形，在早期的古赫泰文字及麼些文字中，都可找出例證來。

## 2 描繪方式

從描繪的方式說，有仔仔細細把實物鉅細無遺的描繪出來的，如鳥與隹字，除了鳥的輪廓外，更把眼睛、頸毛、翅膀、尾巴都畫出來了（註十三）。龜字把頭、足、尾、龜甲的花紋都仔細的紀錄下來（註十四），都是用工筆的方法描繪而成的。在象形字中，也有僅將實物的輪廓彷彿一下，聊存原物的形貌或特徵而已的。如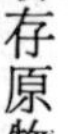字，以簡單的二筆勾勒出人側身有頭手的形貌。簡單的象出了飯器的形體，則是用寫意的方法去描繪的。

要特別說明的是：觀察的角度、取材的方式、描繪的方法三者是相互為用而不受侷限的。有仰觀、全身、工筆以造的字，如字，象雲及雨從上而降（註十五）。也有用仰觀、全身、寫意的方法造的字，如字，一筆就勾勒出一朵雲的外形。有俯察、全身、寫意以造的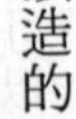字，可說是一個遠鏡頭，像幾塊連緜的田地，中有阡陌的圖形（註十六）。但是以俯察、一體、工筆的方法所造的字，則可說是一塊田地中的特寫鏡頭，象田中耕田溝詰屈的情形（註十七），以數行詰詘翻起的田土，代表已經耕治的田地。而字把城廓的內外牆以及城上守望台都顯現出來了，則是由俯察、全身、工筆的方式而來。有正視、全身、工筆所造的字，把鼻子中間的腠理都畫了出來（註十八）。也有由正視、一體、寫意造出的、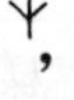，拿簡單牛頭羊頭的輪廓代替了牛與羊。有後視、全身、工筆之、、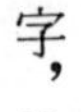字，皆象車輛從前後視的圖形，或有箱、或有轅、或僅見兩輪（註十九）。也有由後視、一體、工筆造出的字，王筠說：「呂，脊骨也。脊骨二十一椎，不勝象也，象其兩兩相連而已，其中系之者筋也，玉篇呂字及從呂者，皆省其系，非也。」（註二十）

馬敍倫說：「象形之文皆為獨體也，然徵之金甲刻文，異體誠多，尤以動物之名為甚，蓋由作者各從其意，正側繁簡，本非所拘也，然畫成其物，不可分析，則其原則無以相異。（註廿一）」從甲骨文與鐘鼎文來看，往往同一象形字會有很多異體。甲文有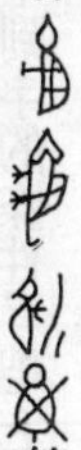等形，「皆象昂首被甲短尾之形，或僅見其前足者，後足隱甲中也，其增水者，殆亦龜字。」（註廿二） 龜父丙鼎作，叔龜敦作，則係俯察、全身、工筆之取象，正好作為造字時非一人一時一地的明證。但是文字既然是公器，就要講求明確化與固定化，才不會引起辨認的困擾，所以到了小篆就用側觀的形貌劃一字形。不過也有未能統一而到後世分化成兩個字的，如燕與乚，段玉裁說：「燕篆像其籋口，布翄，枝尾全體之形。乚像其于飛之形，故二篆皆像形也。乚象翅開首竦，橫看之乃得。」（註廿三） 燕字後視、工筆以成文，乚字則是側視、寫意，在讀音上，燕乚二字雙聲，正好可證二字在語言上出於同源。至於鳦字，則又是因為乚字易與乙字相混，再加鳥形以別異的後起字。還有本來雖有數不同形體，但僅象一義的象形字，有時到後世也有分化成兩個字來使用的。譬如鳥字和隹字，在甲文中有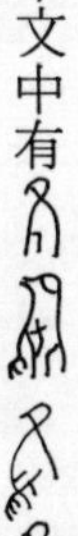等不同的形體。羅振玉說：「卜辭中隹與鳥不分，故隹字多作鳥形，許書隹部諸字亦多云籀文从鳥。蓋隹鳥古本一字，筆劃有繁簡耳。許以隹為短尾鳥之總名，鳥為長尾禽之總名。然鳥尾長者莫如雉與雞，而并从隹；尾之短者莫如鶴鷺鳧鴻而均从鳥，可知強分之，未為得矣。」（註廿四）

## 第三節　象形字的分類

### ㈠純象形：

許敍說：「倉頡之初作書，依類象形，故謂之文。」鄭樵說：「獨體謂之文。」所以純粹的象形字應該是以一個單獨不可析分的整體來代表具體實物的。我們稱這類字叫做純象形，也有人叫它作象形正例的，前二節所舉出的例字，都是純象形的字。

## (二)象形變例：

有時雖已繪出具體實物的形象，仍不足或不夠明確的把語言紀錄下來，就有必要在已經繪成的形象上加以變通，以達到目的，於是就衍成了象形的變例。有關象形的正變各例，各家的劃分頗為分歧（註廿五），但是就字形的結構來分析，象形變例不外增體象形、省體象形與兼聲象形三類。這三類都包括在章太炎先生所說的半字當中（註廿六），指事變例亦然。

### 1.增體象形

增體象形形成的原因有二種：或者由於已經描繪的物形容易跟其他的字相混雜，不得不再加上另外一個形體去說明的。譬如字，本來的口已經畫出石頭的造形，但是容易和表示圍繞之意的口字相混，所以又加上了厂，說明了它是岸邊的石頭。字中的田形本來已經象出果子的形體，由於會和田疇的田字相混，因而又加上木，表示是樹上所結的果實。也有當已有的實物之形，不夠明顯的時候，也可以用增體的辦法來補救。譬如字中的已經象出眉毛和額理，但是仍然不容易看出眉毛的意思，所以再加上目字來表示是眼睛上的眉毛。

這一類的字所以不歸入會意字，因為它們還達不到字的條件，把它們分析一下，其中只有一體成文，其他的部份並不成文——所謂不成文，並不是說它不可以是代表一個具體實物的圖形，但是此圖形只在這個特定的增體象形字中出現，後人並不把它單獨拿來應用，也沒有當作其他字的偏旁來使用。反之，則是個成文的字——而且成文的部份，一定是爲了別異或補充說明，而後加上去的那一半。原來只有不成文的那一半，而它正好是表徵出所紀錄具體實物的原形。

要特別注意的是：增體象形中有一類比較特殊的狀況。如等字，把成文的部份女、止、木、宀析出以後，由剩下的線條，實在找不出所象的到底是何物。這一類的字很多文字學書，把它們歸入增體象形當中，不外是以女、止、木、宀這些成文的部份作爲依據的。但是這些成文的部份，並不用來替不成文的部份別異或補充說明，它們本身和不成文的部份一樣，都是對具體實物的結構描繪出來的輪廓，二者並重，在文字形成時，並無先後之分，彼此均不可缺。換言之，這些字和純象形的字，在取象和構造上來說，實在並沒有分別。說文女部母下云：「母，牧也。从女，象褱子也，一曰象乳子也。」徐鍇繫傳通論說：「母生之於文女，坐乳爲母。」朱芳圃引甲骨文來證明：「人稱有已者爲母，母卽生殖崇拜之象徵，中有二點，廣韵引倉頡篇云：『象人乳形』，許書亦云：『一曰象乳子也』，甲文及金文母字大抵作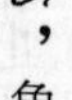，象人乳形之意明白如畫。」（註廿七）羅振玉說：「卜辭中母字亦通作女，諸婦方尊作與此同。」（註廿八）這麼說，母字是女字的繁文，試圖再把母字析爲成文及不成文的兩部份，實在是沒有必要分，也是不可分的。說文足部足下云：「足，人之足也，在體下，从止口。」朱駿聲說：「按厀下至跖之總名也。从止，卽趾字；从口，象厀形，非口齒字。舉卻與止以眩脛。」（註廿九） 王筠說：「足下曰從止口，此文似有改易，足而從口，豈復成義？小徐以爲象股脛之形，是也。然亦不當兼言股，此直象形兼會意耳，止卽是足，故足字不能象形，仍從止加脛以象之，脛在足上，故加諸止上，非謂脛在脚指尖也。」（註三十） 以上都對从口的字形提出了解釋，不論口是卻或脛，都必須和止加在一起，才能顯現出足的意思。說文桼部下云：「桼，木汁可以髹物，从木象形，桼如水滴而下也。」段玉裁注：「謂左右各三，皆象汁自木出之形也。」王筠句讀說：「石鼓文作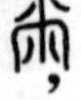，四點是桼，小篆加兩點，故不曰從水而曰如水也。古今注：『桼樹以剛斧砍其皮開，以竹管承之，汁滴管中卽成桼也。』」饒炯說：「炯案桼爲木汁，似水而卻，其形難狀，因从木而象木汁在樹之形。」（註卅一） 就桼字的結構來看，無木固不成樹，無木汁更不知其爲桼樹，此所謂以實物的特徵來取象的象形字，當然也不能再去分解割裂。說文宀部向云：「向，北出牖也，从宀从口。」甲文向字有等形。羅振玉說：「口象北出牖，或从𠙵，乃由口而譌。口𠙵形近，古文往往不別。古人作書不如後世之嚴矣。」（註卅二） 房子上開窗戶，而古室宅多南北向，於是北出牖之意昭然。在象形字裡，這一類的情況不在少數，當分析它們結構的時候，切不可與因別異或補充說明才衍成的增體象形字混爲一談。

2. 省體象形

省體象形的成因是爲了紀錄語言中某些名物，把已經成文的字，省略一部份去加以表徵。譬如：由字省其目，所造成的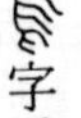字。段玉裁說：「鳥字點睛，烏字則不。以純黑，故不見其睛也。」

把木字省掉了主榦，就成爲𣎵字，表示砍樹後剩下的樹椿，徐灝說文解字注箋說：「凡伐木所餘，復生枝條，必從旁出，故庶子謂之蘖子。」爲了要表示羊的臉部省去，剩下的丫正好是羊角的造型。省體象形的特色是：雖然原有具體實物的圖形被省略了一部份，但是省略之後的形義，仍舊還紀錄一個意義相關的具體實物。

### 3.兼聲象形

兼聲象形形成的原因，實際上和增體象形大同小異，也是由於原來紀錄具體實物的圖象容易和別的字相混，或是不夠明確所引起。所不同的是在這一類字所採取的補救措施，是再加上了聲符以別異或說明而已。此外，象形文字雖然描繪了實物形貌，並未把語言的聲音紀錄下來，要求透過文字把語言的聲音讀出來，也是一項很實際的需求。於是在象形的圖形上，再加聲符去紀錄語言，而造成了一些兼聲的象形字。兼聲象形的聲符，一定是成文的──只有成文的字，才能明確的紀錄下語言的聲音而有固定的讀音。但我們不把這些字歸入形聲字，是因兼聲象形字代表實物本身的那一半，並不成文，還達不到字的條件。不過，不容忽視的是，它們的確也是後來衍成形聲字的途徑之一。等到再討論形聲字的時候，還會談到類似的情形。

譬如齒字，甲文作𠚕、𠚕等形，已經很仔細了，也很明確的描繪出牙齒的形貌，但是由於在圖形中讀不出語言的聲音，因而加上了止聲以注音，於是造成了齒字。說文厹部禽下云：「禽走獸總名，从厹象形，今聲，禽离兕頭相佀。」依許意似以凶象走獸頭部，而厹與今聲都已成文，所以，一般都把這個字當作雜體的形聲加形的字。但是仔細推敲一下，甲文中有□□□等字，羅振玉釋爲羅字，商承祚云：「祚案羅師釋羅，說文解字：『羅，以絲罟鳥也，从网从維，古者芒氏初作羅。』□象張網，□象鳥形，丨象柄，于誼已明，後世增系，復倒書之，誼轉誼矣。又古羅與離爲一字，離，篆文从□，即□之變也。」（註卅三） 雖然唐蘭、李孝定等人對這個字有不同的見解（註卅四），但是商承祚對□字的說明，却使我們了解禽字下半的結構。甲文中另有□□等形，李孝定釋作禽字，他說：「按□即□字，古文倒正無別。……□即□字增□，象手持之而義主於□，古文繁簡隨意，其次要偏旁每从首略也。字从□，篆作□，變之則爲□，正小篆作□从□所自昉也。」（註卅五） 徵之於鐘鼎，禽敦作□，大祝禽鼎作□，不嬰敦作□□，禽亯敦作□，除了已經於□上加了今聲以外，可以很明顯的看出禽字下半訛變作□的痕迹。禽字的結構，實在並沒有什麼獸頭獸足之分，原來只是個手持捕鳥的網子，由於讀不出聲音而另加上今聲，從六書分類上，雖說禽是個形聲字，在由來上看，却與秉聲象形的字如出一轍。至於禽字說文訓爲走獸總名，恐怕是因爲網中所捕得的鳥獸所得的引申義，而今天仍作擒取義的擒，則是本義爲引申義所專以後，取代本義的後起字。

註一：見劉申叔先生遺書冊二「小學發微補」

註二：見孔廣居說文疑疑

註三：羅振玉增訂殷虛書契考釋云：「案日體正圓，卜辭中諸形或爲多角形或正方者，非日象如此，由刀筆能爲方，不能爲圓故也。」

註四：見李孝定甲骨文字集釋卷七。

註五：見羅振玉增訂殷虛書契考釋中。

註六：見王筠說文釋例卷十八存疑。

註七：參看本文第二章古籀之變、籀篆之變、篆隸之變各節。

註八：見中國文字第一期金祥恒釋虎。

註九：參看本文第一章第一節。

註十：見龍宇純文字學第二章第三節象形下。

註十一：見朱宗萊文字學形義篇象形釋例。

註十二：見戴師梅園論學集「部份代全體的象形」一文。

註十三：參看王筠說文釋例隹鳥下說明。

註十四：說文龜部云：「龜，舊也，外骨內肉者也，从它，龜頭與蛇頭同，象足、甲、尾之形。」

註十五：見饒炯說文解字部首訂。

註十六：王筠說文釋例卷二：「筠案古者田皆井授，經界必正，囗以象之，溝塗四通，十以象之，此通體象形字。」

註十七：亦見王筠說文釋例卷二。

註十八：見容庚文字學象形自下。

註十九：見羅振玉增訂殷虛書契考釋中。

註二十：見說文釋例卷二。

註廿一：見馬敍倫說文解字六書疏證說文敍象形下注。

註廿二：見商承祚殷虛文字類編引羅振玉說。

註廿三：見說文解字乙下注。

註廿四：見商承祚殷虛文字類編引羅振玉說。
註廿五：參看弓英德六書辨正及帥鴻勳六書商榷所引各家之說。
註廿六：參看本文第一章第一節。
註廿七：見朱芳圃甲骨學文字編第十二卷。
註廿八：見羅振玉增訂殷虛書契考釋。
註廿九：見說文通訓定聲需部第八足字下。
註三十：見說文釋例卷二。
註卅一：見說文解字部首訂。
註卅二：見增訂殷虛書契考釋。
註卅三：見殷虛文字類編。
註卅四：參看李孝定甲骨文字集釋卷四離及卷七𠨍下所引各家之說。
註卅五：見甲骨文字集釋卷十四。

# 第五章 指事通釋

## 第一節 釋名

歷代的學者們對於指事一書的定義和界說的解釋，往往不同。事實上，劉歆所定的「象事」之名和鄭衆的「處事」、許慎的「指事」的內涵就不盡相同（註一）。前者著重在借一種實象來顯示出的抽象意念：如丩字以瓜瓠的緣物纏結代表一切糾繞的意思；亝字以禾麥吐穗上平的形狀表示出一切整齊的意思。而後者却著重在人心營構出來代表抽象事物的虛象：如二字以上短下長，二條虛構的線條，「從下視上，則上物必小於下」，正好表示「上」的概念；二字以上長下短的二條虛象，「從上視下，則下物必小於上」（註二），代表了「下」的概念。二者都說明了指事字的一部份。

許愼對指事所下的定義是「視而可識，察而見意」，還舉出了上下兩個例字。但是翻遍整部說文，除了在上部上字云：「二，高也，此古文上，指事也。」以外，再也找不到說解中有其他詮爲指事範疇的字，指事字的數量雖不及象形來得多，先賢們總不至於在六書中，特地爲上下兩個字析出指事一書吧，徐紹楨六書辨說：「大抵指事之文，視而可識則類於象形，察而見意則類於會意。」指事又不容易和象形與會意二書分辨，因爲這種種問題，文字學上對指事的解說，從來是很參差的。

就「視而可識，察而見意」的定義來說，見仁見智，衍成很多不同的看法，歸納一下，可以分成兩大類：

**一、將此八字分作兩層次看：**

廖平六書舊義說：

象事與象形實同，特單象物者爲象形，兼有功用者爲象事。凡畫圖半爲象形、半爲象事，如畫山水草木，此象形而不關事者也，有人物則爲象事矣。如釣魚圖，魚與竿鉤爲象形，持以釣魚則爲象事；伏虎圖，人虎爲象形，以人伏虎則爲象事，單畫 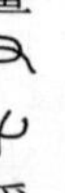 爲象形，有所持執則爲象事，此形事之分也。

又說：

論語云：「視其所以，觀其所由，察其所安。」視爲初見，察爲細察。象事字如畫之釣魚、伏虎圖，初見已知爲竿爲魚，爲人爲虎，此視而可識也；細察乃知以手持竿，以餌釣魚，以人伏虎，此察而見意也。象事半實半虛，視而知其實形，察而知其虛意。

馬敘倫說：

指事異於象形者，其字一部分或一部分以上，必爲象形之文，其一部分則不成字而爲標幟，以指

示此象形之文發生何種現象，故名指事也。（註三）

又說：

按視而可識謂象形之部分，察而見意謂符號式之部分。視而可識則形自分明，察而見意則意須默會。如甘爲舍之初文，視口即識其爲口，察一在口中，乃見口中有物，所以爲舍也。刃爲刀堅，視刀即識其爲刀，察一在刀口，見見此爲堅處，所以爲刃也。（註四）

這一派的學者都認爲指事字的辨認要經過二個步驟，先由「視而可識」去認識字形的形象，然後再經「察而見意」體察出這形象所代表的抽象字義。這樣的解釋，雖然把許愼的定義發揮得很透澈。但是不見得所有的指事字都要透過這二個步驟才能認識。譬如說「一」字，一眼看去，就已經知道它的意義，實不必再去細察體悟。

由於對定義字面的訓詁不同，即使是分作二層次，還有其他的看法。顧實說：

指事者，出自符號者也。班曰象事，鄭曰處事，其義一也。故指者指畫也，處者處理也，指畫處理其事者，不役於外形而存其本質，庶分理之可相別異也。是所事者，在物之理也。故曰「視而可識，察而見意」。可者僅辭，識者記也，讀如檀弓云「小子識之」之識。說文乚下云：「鉤識也。」栞下云：「槎識也。」乚尺下云：「乙所識也。」卒下云：「衣有題識也。」即皆此之所謂識也。而乚尺卒三字，尤指事文之例證也。蓋古曰表識，今曰符號，指事本即表識，從而僅可識之，故曰「視而可識」也。然表識雖簡而意則深遠矣，故曰「察而見意」也。（註五）

汪國鎮也認爲指事爲符號之變：

未有文字，先有符號，結繩畫卦，均造字以前之單簡符號也。指事卽此種符號之變相；例如上下二字在古文爲「𠄞」「𠄟」，在金石文爲「丄」「丅」，在大篆文爲「上」「下」，卽由古代符號轉變而成。又如「｜」爲上下通之符號，「乀」爲截止之符號，卽今之「乙」字也。其有似象形而實非象形者，亦爲符號之變：如「回」，古文爲「囘」，卽「回轉」之符號；「合」字爲「亼」卽「集合」之符號；「中」字爲「中」，卽任何事物介在居中間之符號。其他甚多，不煩具舉。總之，指事之字，在說文中雖僅占最少之數，然大抵皆爲符號之變形也。（註六）

汪氏之解回、中諸字，固然出於臆度（註七），但是我們不能忽視的是：有不少指事字的確本來源出記識的符號。這種說法失之過偏，並不能涵蓋所有的指事字。

## 二、將指事分作兩類解

關於指事字的內涵，歷代學者的說法不一：或以爲指事字是指以形象指明抽象的事象者屬之，不必另外再去加上點畫來表明。如孔廣居說文疑疑論象事云：

事者，人事也。指事指此事也。指事、象事其義一也。如上下兩物相等，从下視上，則上物必小於下；从上視下，則下物必小於上，故𠄞𠄟字象之。指人之視上視下，而制上下字，故謂之指事，非加點畫以指其處之謂。至於本末者，木之本末，非人事也。本，从木从下；末，从木从上。木下爲本，木上爲末，會意也。

由於孔氏誤信段玉裁對本末二字的刪訂（註八），當然他的說法也不周全。也有人以爲指事字係先有象形作爲基礎，再加上點畫來指出抽象概念的。如廖登廷六書說云：

> 按指如指畫之指，所謂記識是也。一爲形，指其上則爲上，指其下則爲下。他如指馬之足爲馬馬，指木之上中下爲末朱本，皆此義也。指事之字，多由象形字生出，蓋以是字象形，而物有別義，不能卽其字而見，則就其字加一二點畫以見義。

這種說法，也只掌握了指事字的一部分。既然前二說各有其偏，於是有學者把它們歸併在一起，葉德輝六書古微云：

> 大抵指事之書，當分文與字爲二：文則畫少，本記事而成，故亦名象事；字則畫多，或在形意之間，故直名爲指事。

高鴻縉也說：

> 指事之符號凡有二端：一指部位，二表意象。指部位者，如本末之字，係以點畫之符號指明木之根杪處。表意象者，凡聲、氣、思想之概念，不得其形以繪之者，俱以符號表之，如乃牟一二八入之屬是也。（註九）

既然對指事字的內涵有了認識，弓英德就用它對指事的定義，作了新的闡釋：

> 凡獨體之文，因字見事，視而可識者，乃合體之字，一二畫不成字，且係以示意成一字，察而可見其所指之意者，皆爲指事。（註一〇）

這樣的看法，替形狀簡明的獨體指事的形象或符號，留下了地位，也替較複雜的指事字點出尚須經過細察方能有明其意的步驟，誠可謂善解說矣。不過弓氏察而見意一類，只以增體指事爲例，其實像變體及省體的指事，都要在識其形以後，再去細察推敲變或省的緣故，方能看出字義來，也都應歸入「察而見意」的類別之中。

## 第二節　指事字的分類

### 一、純體指事

凡是獨體的文，在形體上沒有經過後來的增減或變更，用來表示抽象事類的叫作純體指事，也就是指事正例。純體指事可以分作二種：

1 以虛擬的符號表識抽象的概念：

徐鍇說：

指事者，謂物事之虛無，不可圖畫，上下之義，無形可象，故以丄丅指事之。（註一一）

高鴻縉揣測這一類字的來源說：

凡於字之結構上有所指明者，皆謂之指事。指事者指示其意也。許序六書定義十二句，三「事」字皆有「意」意，可互證。其所用以指示之符號作●○一二三八)(丨乚()⊕〜∧)(ᘔ亼ᘐ

𠂹 等等，形狀不一，均隨所需而意構之，故亦謂之意象。指事字取意象，……意象者，想象意構而得其象也。（註一二）

這一類指事字，戴師靜山稱之爲「虛象形表法」，它們是「據事物之形態、動作之泛狀而表象之，或意營形象以表象之，故其形不固定於一物，義不專滯於一端。」（註一三）如說文八部八下云：「八，別也，象分別相背之形。」王筠說：「案指事字而云象形者，避不成詞也。事必有意，意中有形。此象人意中之形，非象人目中之形也。凡非物而說解云象形者皆然。」（註一四）正好是象分別相背泛狀的虛象。乃部乃下云：「乃，曳詞之難也，象气之出難。」正是人心虛構，示氣不能直出之表象。

2.借描繪實物的形象來表示人或物的動作、狀態：

陳澧說：

有字義不專屬一物，而字形則畫一物者：如止，下基也，象草木出有址。高，崇也，象臺觀高之形。永，長也，象水巠理之長是也。又如天大地大人亦大，而大字象人形，尤其明著者也。（註一五）

王筠說文釋例中析出借象形以指事一類，曰：

大下云：天大地大人亦大，故大象人形，古文大也。此謂天地之大，無由象之以作字，故象人之形以作大字，非謂大字即是人也。

戴師靜山稱這一類的字作「借象形表法」，「借象之字，則象實而義泛。」它們是「借一種實象以顯示意義，或設一種特實之象以造字，而以此象推之於同類一切意義。」（註一六）而這種運用具體實物的圖象，來代表抽象觀念的方法，在於這個觀念或者和實物有很密切的關係，或者借此實物可以很明確的把抽象的觀念提示出來。

如說文耑部耑字下云：「，象初生之題也，上象生形，下象根也。」饒炯說文解字部首訂云：「指事，炯案，耑爲物題，本屬事也。古人造字，即从一而上象其題，又下象根者，蓋物生之初，下出根而上耑乃見於地。一、地也，篆故从一。而以上下形指事，其曲體物倩，亦屬制字之妙。」王筠說：「耑字不得爲象形者，凡物之耑，非有所的指也。」（註一七）正是借著小草初生，來表示事物發端緒的概念。說文高部高下云：「，崇也，象臺觀高之形。」王筠說：「高字借形以指事，……高者事也，而天之高，山之高，高者多矣，何術以指之？則借臺觀高之形以指之。」（註一八）於是高的概念，也借著臺觀的高崇，很巧妙的被提示出來。

## 二、增體指事：

當已有的文字形象或符號，不足以表達抽象概念時，就在這成文的形象上，加些點畫以引出概念的方法，叫做增體指事。增體指事可以分作二類：

### 1在成文的形象上加點畫以表示事象

這種加上去的點畫，都是爲表達概念而虛構出來的事物虛象，這個虛象必須與原有已成文的實象密切配合在一起，才能把概念顯現出來。戴師靜山稱這一類指事是「合象形表法」中的「實虛合象」。

例如說文旦部旦字下云：「旦，明也，从日見一上。一，地也。」徵之於鐘鼎文，頌敦作旦，頌壺作旦，吳大澂說：「象日初出未離于土也。」（註一九）林義光文源則謂「从日見土上」，在象形的日下的部分，就是地面的虛象，有了地面，日出於地，天之將明的概念，就很明白的表現出來。

說文曰部曰下云：「曰，詞也，从口，乚象口气出也。」甲文有曰、曰等形，盂鼎作曰，伯晨鼎作曰，李孝定說：「口上一短橫畫，蓋謂詞之自口出也，曲之作乚，乃書者徒逞姿媚，非篆體本然也。」（註二〇）在實象的口上，再加虛象的詞气，正好點出了說話的意思。

**2在成文的形象加點畫以指明部位：**

這些加上去的點畫，相當於表識符號的功能，藉著這一類在成文的形象上，加上的符號，來指示事物的所在點或特殊點。戴師靜山把它定名爲「符號指表法」。

例如說文寸部寸字下曰：「寸，十分也，人手却一寸動衇謂之寸口，从又一。」徐鍇繫傳說：「一者，記手腕下一寸，此指事也。」一的符號很清楚的標記下來寸口脈門的位置。說文亦部亦下曰：「亦，人之臂亦也，从大，象兩亦之形。」亦即掖字的初文，王筠說：「掖固有形，而形不可象，乃於兩臂之下點記其處，若以爲象形也，未見臂下生之贅肬也。」（註廿一）也很清楚地指出這類符號的功能。

對這兩種增體的指事字，林景伊先生特別指出它們的特色和分辨的方法：增加點畫表示事象的增體指事字，「所增都是物之通象」，增加點畫指明部位的增體指事字，「所增都是虛的符號」，「前者必非名詞，後者必爲名詞。」（註廿二）

## 三、變體指事：

爲了要表達抽象的意念，往往把一個成文的形象加以變化，透過這種變化，使人領悟到另一層相關的概念。變體指事字也有二種變的方法：

1.以變更成文形象的位置來指出意念

把一個字橫置、反置或倒置以後，由於位置的變更，指出了特定的意念。例如說文𠤎部𠤎下云：「𠤎，變也，从到人。」王筠釋例說：「人不可到，到之則是化去矣。」段注曰：「到者今之倒字，人而倒，變匕之意也。」以倒置的人形指出變化的意念。匕部匕下云：「匕，相與比敘也，从反人。」徐灝說文解字注箋說：「匕比古今字，匕，相與比敘也；比，密也，密卽比敘之義。凡比例、比次、比校皆比敘也。人爲獨立形，反人爲匕與之相對，是相與比敘也。」說文尸部尸下云：「尸，陳也，象臥之形。」王筠句讀以尸字象「橫陳之人」，但容庚說：「案金文作尸象屈膝之形，意東方之人其狀如此。後叚夷爲尸，而尸之意晦。祭祀之尸其陳之而祭有似于尸，故亦以尸名之。論語『寢不尸』，苟尸爲象臥之形，孔子何爲寢不尸？故知尸非象臥之形矣。（註廿三）」則尸字應屬變更筆劃以指意念的變體指事。

2.以變更成文形象的筆劃來指出意念

這是把一個字的筆劃變易以後，顯示出特定意念的方法。例如說文夨部夨字下云：「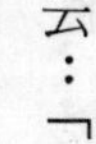，傾頭也，从大象形。」參之甲文有諸形，正是把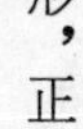的頭部變曲，以表示傾頭的意念。夭部夭下云：「，屈也，从大象形。」容庚說：「金文奔走二字所从之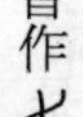皆作。甲骨文亦有此字，蓋夨象頭之動作，夭象手之動作。」（註廿四）把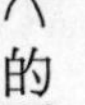的兩手的筆劃變易以後，「象走時揚手之形」，卽走字的初文（註廿五）。交部交字下云：「，交脛也，从大象交形。」以兩脚的相交，指出交的動作。尢部尢下云：「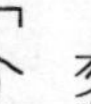，尲也，曲脛人也，从大，象偏曲之形。」更顯出不良於行的情況。

**四、省體指事：**

所謂省體，是用減省一個成文形象的部分筆劃以顯現抽象意念的一種指事的方式。如說文非部非字下云：「，違也，从飛下翄，取其相背也。」容庚說：「案金文作，與从飛下翄之語合，三字石經作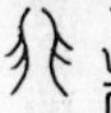，乃漢隸亦如此，唐人始改作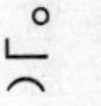。」（註廿六）把象鳥飛的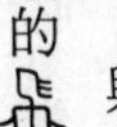形，加以減省，剩下兩翄，正好指出相違背的意念。而卂部卂字下云：「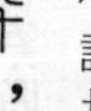，疾飛也，从飛而羽不見。」段注：「飛而羽不見，疾之甚也，此亦象形。」卽使是同一個形象，由於減省的部位不同，所顯現的意念也大異其趣。

## 第三節　指事字與象形、會意的分別

說文中對指事字的說解，或詮以「象形」，如ㄐ下云：「ㄐ，相糾繚也。一曰瓜瓠結ㄐ起，象形。」或詮以「象某某之形」：如八下云：「八，別也，象分別相背之形。」或詮以「从某，象某某之形。」如牛部牟下云：「牟牛鳴也，从牛，ㄙ象其聲氣從口出。」或釋爲：「从某某，象某某之形。」如叉部叉下云：「叉，手措相錯也，从又一，象叉之形。」或釋爲「从某」：如示下云：「示，天垂象，見吉凶，所目示人也，从二，三𠂹，日月星也。觀乎天文目察時變，示神事也。」有與象形的解說類似者，亦有和會意的說解相近者，要想把它們和象形字及會意字之中辨析出來，就必須掌握住各類書體在形義構造上的原則。不過對於許愼詮釋指事字的術語，我們充其量只能說表現得不夠明確，倒不能批評他有什麼誤差。蓋說文敍中談到倉頡造字說：「依類象形，故謂之文」，段氏云：「依類象形謂指事、象形二者也，指事亦所以象形也，文者逪畫也，迻逪其畫而物象在是。」不論純體指事字是借實象表意，或是虛擬的形象，都由象物類或事類而成形後，方能指其義，所以劉歆把它定名爲「象事」，恐怕也是基於這個緣故。而訓爲「从某」、「从某某」的指事字，則一定是增體指事字，其構造原則是一定要有成文的部分，既然如此，說這個字從其形增加點畫，正好恰如其分。

由於指事一書不夠明顯，也有人乾脆把它拋開不談，唐蘭說：

> 指事這個名目，只是前人因一部分文字無法解釋而立的。其實這種文字，大都是象形或象意，在文字學史上，根本就沒有發生過指事文字。（註廿七）

因此他另創象形、象意、形聲三書說。唐氏又把指事字純體的部分併入象形，增體、變體、省體的部分併入象意，其說是從上古文字的構造與演進的脈絡推論而來，倒也持之有故，言之成理。但是六書之說既然積古相傳，已經成爲文化的一部分，去深入了解它們的內涵與特色，並明其分野，實有其必要性。王鳴盛六書大義說：「視而可識者，不待象而其形已彰；察而見意者，不必會而其意可見。」已經很簡單扼要的指出指事與象形、會意二者相異之處；不過要詳細的劃分，就得歸納分析出一些原則來，作爲分辨它們的參考。

## 一、指事和象形之別

### 1.純指事和純象形

只要參考過二三本文字學的論者，往往會發現它們彼此間對六書的歸納出入很大，尤其是象形和指事，或者把象形的範圍擴充得很大，將許氏說解註明「象形」及「象某某之形」的字，幾乎一網打盡，這固然是主觀條件的不同——六書既然是後人分析歸納的結果，當然各人的主觀意識影響分類的標準——不過，我們如能建立一些嚴密而客觀的標準，作爲分類的依據，主觀的成份，當可減至最低。

大致說，以虛擬的符號標識抽象觀念的純指事字，如一、二、入、厶之類，既爲虛象，所代表的意義亦非具體，是不太會和象形字混淆不清的，最容易引起困擾的是描繪實物的形象以表徵人或物的動作、狀態的那一類。蔣伯潛說：

> 指事字實際上也是造字初期由圖畫變成的。不過象形字所畫的是實物之形，是具體的描繪；指事字則畫人或物底動作、狀態或位置的，是抽象的描繪。象形底造字之意，是顯而易見的，指

事底造字之意，則不易見，必須細察，方能領會。（註廿八）

這一類指事字和象形字的分別不在字形的取象上，須由它們所代表的意義上去識別。如日月，所象的既爲實形，代表的也是具體的日月之意，當然是象形。「豸」雖取象於野獸的形象，却表示獸類隆背，預備伺機殺物的動作，而不是指野獸的名稱，所以我們把它歸入指事。

江聲六書說論指事之異於象形曰：

依形而製字爲象形，因字而生形爲指事。

弓英德則說：

江聲之說，最爲允當，蓋「依形製字」，卽許敍之畫成其物，隨體詰詘，亦卽所謂圖畫文字也。「因字生形」，亦卽許敍之視而可識，察而見意。識者識其形，察者察其事也，惟形字用法不一，最易混於象形之形，故欲將江氏之「依形製字」易爲「依物製字」，「因字生形」易爲「因字見事」，兩句中之形字均予删去，使六書之形、事、意、聲不相雜廁，以清紛擾，而剪枝蔓。易言之，「畫成其物」謂造字之對象爲物，「隨體詰詘」乃對物之畫法，均以物爲主，故謂之「依物製字」。「視而可識」者，獨體之指事也，使人一見卽知，如一二上下等字。「察而見意」者，合體之指事字也，卽在象形等字上加點畫以明之，使人察之，卽知其所指之事，如本末朱刃等字，此皆以事爲主，故謂之「因字見事」。（註廿九）

以上很清楚的指出，象形字的特色在描繪取象物形，顯現實物本身之意義；指事字的特色則在借物的形，而推知背後顯現的抽象概念。

### 2. 增體指事與增體象形

增體指事與增體象形所同處，在於均由成交部分與不成文部分所構成。龍宇純說：

合體象形字如𣥂巢除去成文字的部分止或木，和巢字因特殊原因附加的不成文的「巛」而外，其餘不成文字的部分，正是所象實物之本身。而亦刃之類，所表示者則在成文字的部分大或刀之上，不過借重其不成文字的部分以顯示之而已。兩者情形適得其反。（註三〇）

所以說，增體象形字是以不成文的部分爲主，其實本來也只有這不成文的實物，成文的部分只是用來替不成文部分作補充說明的。而不論表示事象的，或指出部位的增體指事字。如寸與㡀，却都是以成文的部分爲主，而不成文的部分是替成文部分作解說，以顯現出所指的事象或部位的；如果把增體指事成文的部分——又與巾一剔除，則「寸口」與「破蔽」的意思根本就無從得知，但是不藉著不成文的部分以指示，寸口的部位與破蔽的事象亦不得顯現。

### 3. 省體指事與省體象形

省體指事與省體象形在構造上並沒有差別，都是把成文的形象減省而成。但是省體象形字的特色在減省原形以後，仍然代表具體的形象，而且所省略的部分，在這顯現中的形象上，原本就不必存在。如省羊爲「丫」，仍然表示羊角的實形，既然僅顯示羊角的形象，羊臉的部分原來就不必有。省體指事字的特徵則在於減省原形後，所顯示的抽象意念。如省口爲「凵」，所顯現的却是張口的動作。

或有在象形字中也分出變體象形一類的，但是一個字不論是變易位置或變易筆劃，就必須透過領悟的工夫，才能認識，因爲它們是人爲的變動，而不是物象本然的現象，當然就不能列爲象形了。因此，所有變體的半字都是指事字。

## 二、指事和會意之別

純指事一定是獨體的文，而會意必定是合體的字。王筠釋例說指事的字形「非合它字而成，或合他他字而其中仍有不成字者，則又不混於會意形聲矣。」又說：「會兩字之義以爲一字之義而後可會，而丄丅之兩體，固非古本切之丨，於悉切之一也，……明乎此而指事……不得混於會意矣。」由此可很明顯的分出它們的差別。

由於省體指事及變體指事必須去體會了解字形之所以省或變更位置、筆劃以後的意義，也有人把這種領悟的工夫當作了會意，而將它們劃進了會意的範疇中。王筠解釋會意二字說：

案會意者合也，合誼卽會誼之正解，說文用誼，今人用義。會意者，合二字三字之義以成一字之義，不作會悟解也。（註卅一）

由上可知：分辨它們有了明確的尺度。不過很奇怪的是：王筠在說文釋例及文字蒙求中替會意分類舉例的時候，都列出了「省文會意」、「反文會意」及「倒文會意」，而認爲省文會意「雖省而不於省得意」（註卅二），「名省而不省者，爲省文會意之奇變」。他又說：

吾向者以此等會意爲會悟之會矣，由今思之，乃是會合本字以爲意，離却本字卽不成意，然則會

意中，終無會悟一說也。（註卅三）

又釋反文、倒文會意說：

業已反之、倒之，何以爲會意？則以合本字之意而思之，乃得其意也。（註卅四）

然而，旣已省文、反文、倒文，依王筠各類所舉之例，「非、卂」之省「飛」，「𠂢」之反「永」，「匕」之倒「人」，都是以獨體的文以省、以反、以倒的，怎麼能說他們是「會合」而不是「會悟」呢？這恐怕是王氏自亂其例了。

至於增體指事字和會意之別，王筠說：

會意者，會合數字以成一字之意也。指事或兩體，或三體，皆不成字，卽其中有成字者，而仍有不成字者，介乎其間以爲之主，斯爲指事也。（註卅五）

所以增體指事中只有一體成文，而會意字却是二體以上成文的。

註一：參看戴師君仁「中國文字構造論」一書自序、本文第三章第四節亦有徵引
註二：見孔廣居論六書次第
註三：見馬敍倫說文解字研究法指事條下
註四：見馬敍倫說文解字六書疏證說文敍指事條下注
註五：見顧實中國文字學第三章第六節「指事通論」
註六：見汪國鎭文字學概說第三篇第三章第二節指事

註七：說文囗部回下曰：「回，轉也。从囗，中象回轉形回，古文。」林景伊先生曰：「古文象雲氣回轉形。」文字新詮云：「回，象回水之漩渦。」無論係取象於雲氣之回轉或回水之漩渦，都不能稱之爲符號。

丨部中下云：「中，內也，从囗，丨下上通也。」甲文有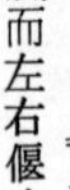諸形，頌敦作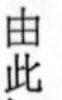，羅振玉曰：「古金文及卜辭皆作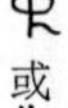或作，游或在左或在右，游蓋因風而左右偃也。」由此知「中」係取象於旗幟，也不能稱之爲符號。

註八：說文木部本下段注：「此篆各本作，解云：從木，一在其下。今依六書故所引唐本正。」末下段注：「此篆各本作，解云：從木，一在其上。今依六書故所引唐本正。」高師仲華以之爲段氏誤改篆之例。

註九：見謝雲飛中國文字學通論指事條下引

註一〇：見弓英德六書辨正指事之界說結論

註一一：見說文繫傳上部上字注

註一二：見中國字例第三編第一章第二十六節指事字之定義

註一三：見戴師中國文字構造論第一章第三節虛象形表法

註一四：見王筠說文釋例卷一

註一五：見東塾讀書記

註一六：見戴師中國文字構造論第一章第四節借象形表法

註一七：見王筠說文釋例卷一

註一八：見王筠說文釋例卷二

註一九：見吳大澂說文古籒補卷七

註二〇：見李孝定甲骨文字集釋卷五

註廿一：見王筠說文釋例卷一

註廿二：見林尹文字學概說第三章第一節指事概說

註廿三：見容庚金文編卷八

註廿四：見容庚金文編卷十
註廿五：見馬敘倫說文研究「說文指事之文」條下
註廿六：見容庚中國文字學義篇第三章非字下
註廿七：見唐蘭古文字學導論上編二丁「上古文字的構造」
註廿八：見蔣伯潛文字學纂要本論二第二章象形與指事
註廿九：見弓英德六書辨正第三章
註三〇：見龍宇純中國文字學第二章第三節
註卅一：見王筠說文釋例卷四會意之說明
註卅二：見文字蒙求卷三
註卅三：見說文釋例卷四
註卅四：見王筠文字蒙求卷三
註卅五：見王筠文字蒙求卷二

# 第六章　會意通釋

## 第一節　釋　名

許愼說：「會意者，比類合誼，以見指撝。武、信是也。」由於「會意」二字在作語詞使用時，總是以「領會」與「了悟」的意思爲主，所以楊桓六書統說：

會意者何？形者，體也、常也。而其用也，其動也、其變也，各有意焉。故必假其形之用、之動、之變以示其意，使人觀之而自悟，故謂之會意。

又說：

會意者，寫天地萬物變動之意，使人觀之而自曉自會也。然意因形而生，故意不能獨見，必假其形之變而意見焉。蓋形，體也，意，用也，形意相從，體用一致，先明其形，則意無不了然而會矣。

他認爲會意一書的特色在於由字形上去體會了悟其意。然廖平六書舊義說：

象意字以數字合成一字，如夫婦會合而生子，其子於父母之外自成形體，別具面目。如武字旣不關戈意，又不可入止部；信字入人部旣非，入言部亦不得，故別爲一類。……象聲者以無爲有也，象意者，化多爲少也。凡意皆空虛，不如形體質實，無論何意，非數字不能形容，故必合數字乃成，許名會意，卽化多爲少之謂也。

固然不經過會悟的工夫，無法領會數字所融滙出新意，但是僅在「會悟」上去解說，就很容易誤入歧途，而與變體指事相混了，如廖平認爲：「會意則多合體，偶有獨體者。」恐怕就是掉進這個陷阱。段玉裁釋許意云：

會者，合也，合二體之意也，一體不足以見其義，故必合二體之意以成字。

又說：

誼者，人之所宜也。先鄭周禮注曰：「今人用義，古書用誼。」誼者本字，義者假借字。指撝與指麾同，謂所指向也。比合人言之誼，可以見必是信字，比合戈止之誼，可以見必是武字，是會意也。會意者，合誼之謂也。

王筠釋例也說：

會者合也，合誼卽會意之正解。會意者，合二字三字之義以成一字之義。

他們都很淸楚的指出，會意字必須先有合的程序，把二個或三個以上的成文部分結合起來，然後才能讀到了悟的作用。惟蔣伯潛文字學纂要說：

「比類」之比，卽是並，類是事物種類，比類是把這一類和那一類比並在一塊兒。「合誼」是會合其義，比合二個以上的已有之文底意義，以表現造字者對於此新字之義之指趣意向，叫做「會意」。「會」是會合之會，並非領會之會。會意是會合所合各體之意義，不是領會合成的新字之意義。旣由會合已有之字而成新字，當然是「合體」之字，不是「獨體」之文了。所以把會意字拆開來，各體仍可獨立成字；卽使所合各體之中，有不成文字者，這不成文字的一體，決非此字底主要部分。會意字和象形字、指事字底區別，卽在於此。

以上對於會意的定義作了很淸楚的剖析。但蔣氏特別強調會意不是領會合成的新字的意義，就一筆抹殺了「了悟」的作用，殊不知會意字固然有不少可從所合各體的本義去合成新義，也有一些會意字却須從會合後的新字去領會其義的。如說文茻部莫下云：「莫，日且冥也，从日在茻中。」徐鍇繫傳說：「平野中望日且莫將落，如在茻中也。」不由合成以後的形去體悟，日且冥的意義是無法由「日」與「茻」單獨之意義中顯現出來的。所謂「其後形聲相益，卽謂之字。」由形與形的結合，再透過了悟的作用，所融成的新字，都是會意字。

吳稚暉說：「由日出於一（註一），日入於茻中等之徑直會意字，再進而造日月爲明等之稍紆曲者，或早初亦能，又進而造止戈爲武等之尤紆曲者。」（註二）他所舉的例子雖然未必恰當，但是把會意字見意的情況，作了先後的劃分。事實上，就說文中的會意字加以分析，它們見意的方式，就可分爲好幾種：

## 一、由複雜圖繪的結合以見意：

劉師培小學發微補論會意說：

說文之釋會意也，謂比類合誼，以見指撝，武信是也。蓋會與合同，則合誼卽會意之正解。會誼者，兩形並列之字也。吾謂兩形並列之字，亦出於古代圖畫，例如武字從止從戈，在上古時必畫一人作止戈之形。信字從人從言，在上古時必畫一人作欲語之形。又如儛字從人從舞，卽畫人而加以舞蹈形也。位字從人從立，卽畫一人直立之形。伐字從人從戈，卽畫一人荷戈之形。男字從力從田，卽畫一人耕田之形。婦字從女從帚，卽畫一女持帚之形。苗字從艸從田，卽畫艸生於田之形。焚字從林從火，卽畫以火燒林之形。鳴字從口從鳥，卽畫羽族發聲之形。吠字從口從犬，卽畫犬屬發聲之形。嵩字從山從高，卽畫山峯最高之形。由是言之，則會意者卽兩形並列之謂也，亦卽古代之圖畫也，故會意出於象形。

戴師靜山則云：

按劉氏所舉之字，雖多臆度，（亦有與金文甲骨適合者，如伐、婦等字）不能謂全是合象形表字。然其心知會意字，古多會形，精識殊可重也。（註三）

孫海波古文聲系自序也以爲：

二形並列之字雖曰會意，猶不外圖畫之法：如莫从茻从日，卽繪日在茻之形；伐从人从戈，卽繪一人荷戈之形。男从力从田，卽繪一人耕田之形，吠从犬从口，卽繪犬發聲之形。集从鳥从木，卽繪鳥卽木之形。祭从又从肉从示，卽繪以手持肉祭神之形。祝主贊詞者，卽繪一人跽而祝於神前之形。休，息止也，卽繪一人依木之形。取，取耳也，卽繪以手持耳之形。突，犬從穴暫出也，卽繪犬在穴下之形。雖兩形並列，亦卽古代之圖繪也。蓋會意雖以意爲主，其會合也，以形不以意。卽許書所列會意之字，亦多以形體發明字義者。古文會意一體卽象形中複雜之字。故象意出於象形，以象形較象事。象形實而象事虛。以象事較象意，象事實而象意又虛。窺其制作之意，斯二者皆圖繪之法也。苟去所象之作，則事與意皆無坿麗以存也。

會意字必經兩種物體或兩種物體以上，發生相互關係後，所共同產生的意義來顯現，有不少會意字是經由圖繪蛻變而來的。它們和象形不同的地方，在於象形字是一幅單獨實物的寫生畫，而這一類的會意字取象於二個以上的實物，是一幅複雜的圖繪。不過要注意的是它們雖源出於圖畫，但是由於文字本身的變化，僅根據小篆往往不容易看出端詳。如說文人部保字下云：「養也，从人𤓽省聲，𤓽，古文孚。古文不省，古文。」則保字應爲形聲字中之省聲字，然徵之甲文有等形，金文有等形。唐蘭說：

「保」字的圖畫文字，是一個人把手反過去，背負一個小孩，這反過去的手法，是一個累贅的寫法，並不合於各個獨立的原則，所以後來就不畫了，只剩了人旁一個子字，也有在子下再加一筆，甚至兩筆，成爲現在的「保」字。（註四）

由上文可知：保字由圖繪演化成小篆的痕跡，它實在是個會意字。又如說文宀部寒字下云：「，凍也，从人在宀下，从茻上下為覆，下有仌也。」徵之金文，大克鼎作□，毅鼎作□，都很明白的顯現出天寒地凍，屋下有人，身體上下都墊覆之以艸來取暖的圖形。　臼部舂字下云：「□，擣粟也，从廾持杵以臨臼，杵省，古者雝父初作舂。」徵之於甲文有□、□等形，伯舂盉作□，李孝定甲骨文字集釋卷七說：「契文正象一人兩手奉杵臨臼擣粟之形，□者象溢出之米，或者作□，與篆文全同，古文从□从□每無別也。……𦥑字象兩手奉杵高舉臨臼擣臼之狀，固如繪也。」　攴部牧下云：「□，養牛人也。从攴牛。詩曰：『牧人乃夢。』」徵之甲文有□□□□等形，羅振玉增訂殷虛書契考釋中云：「此或从牛或从羊，牧人以養牲為職，不限以牛羊也，諸文或从手執鞭，或更增止以象行牧，或从帚與水以象滌牛。」由這個例子我們甚至於看到這種由複雜的圖畫，蛻變而來的會意字，其組成的份子雖未必固定，對於字所顯現的意義沒有影響，字義的表達在字形組成以後的形，而不在原先個別的單形。

## 二、由複雜意念的結合以見意：

徐鍇繫傳說：

會意者，人事也，無形無勢，取義垂訓，故作會意。載戢干戈，殺以止殺，故止戈為武；君子先行其言，而後從之，去食存信，故人言為信。

徐紹楨六書辨云：

古人制字即有象形、指事，而復繼之以會意者，蓋人日用云為之事不盡有物形可象，有實事可指，

> 故又比合其形與事之文以識其意誼之所指，所謂比類合誼，以見指撝也。許君舉武信二字，武以定功戢兵，故从止戈；信者遣人傳言，故从人言，此皆合二體爲文。更有合三體爲文者，如祭从又从肉从示，言从手持肉祀神；以手持肉可以謂之指事，而非从示則祀神之意不顯，示之爲祀神，固又不能實指其事也。又有合四體爲文者：如茻爲衆艸，㗊爲衆口；屮與口皆象形文，然此二字其義主於艸之衆、口之衆，衆艸、衆口不止於四，其以四屮爲茻、四口爲㗊，蓋聊以見其衆多之意而已，所以亦不得爲象形也。

以上很清楚的指出，會意字有些時候是由二個或二個以上形體的結合來提示一種觀念，事實上這種觀念是由數個意念組合而成的。戴師靜山稱之爲「合體義表法」，這是一種「會合二個以上不同之字，以意義（取所從字之意義，或就所製字含有之意義著想。）構製文字之法也。（形表字亦有从意義著想，但仍是以形象表出。此就所製字含義著想，而从某某等字，此所从字，即是表意思者也。）」（註五）既然造字的方法著重在意義，當然比起由圖繪察其意的會意字還迂曲得多，所以唐蘭說：

> 象形文字是從圖畫蛻化而來的，象意也是這樣。但是象形的成爲文字，是自然發生的——只要把虎兒牛馬的形畫出，任何人都能知道牠們的名稱——而象意却不然，牠們是人爲的。假使我們對某一個字社會的習慣不很熟悉，就不能完全了解他們的象意字。（註六）

唐蘭所謂的「象意」的範圍雖然比一般所認爲的「會意」來得大（註七），但是這段說明正好可作這類由複雜意念見意的會意字的特色之最佳註腳。

例如說文廌部灋字下云：「灋，刑也，平之如水，从水，廌所以觸不直者去之，从廌去，法，今文省。」徵之金文有灋灋等形，與小篆略同，先以水表徵法令是公平如水的，再用廌所以觸不直者去的古代執法情形來作表徵，刑法的概念方得以顯現，「廌去」正好是古代的一種社會習慣。但是灋字字形太過複雜，所以到漢人就把它化繁爲簡，成爲「法」字。又是部尟字下云：「尟，是少也，是少，俱存也，从是少。賈侍中說。」這是把是少的意念融合起來，正是尟的概念，尟的俗字作尠，同樣是由甚少的意念以見意。

## 三、由形體的重覆以見意：

雖然會意字見意的方式有從複雜的圖繪而來，也有從複雜的意念而來，但是在表現的方式上，是不受任何侷限的。王筠釋例說：

> 凡會意字，或會兩象形字以爲意，或會兩指事字以爲意，或會一形一事以爲意，或會一象形一會意，或會一指事一會意，皆常也。然亦有會形聲字以爲意者。

任何的文或字，只要它們在形或義上有連合的可能，都可以把它們結合成會意字。馬敍倫說：

> 會意之文，率以不同類之象形文比而生義，然亦可以兩箇或兩箇以上同形者相比而產生一種意義。如吅品㗊是一字，從二口，或從三口，或從四口，會口中繼續發出聲音，故㗊即今所謂熱鬧之鬧本字，而諠譁之諠初文也。𣥠從止𣥂，止𣥂一字，𣥠即今所謂跑也，會人自臥處起而前行之意。步亦從止𣥂，夅亦從二止，然步會二足向高而行，即陟之初文，而夅會兩足向下而行，故其

字甲文作□□。其他若□□□□□□之類，皆以同文別其位置而見意。□爲一人前行，一人後從，與比之二人竝立者不同，蓋其原則仍爲比類合誼以見指撝也。（註八）

在說文中可以找到不少同體重疊字，它們既然也是由「比類合誼，以見指撝」的方式造成新意，當然也是會意字的一部分，而且見意的方式也不外由圖繪或意念二者來表徵。

## 1 由重疊的圖繪以見意：

戴師靜山稱這一類的字爲「重象形表法」，這是一種「重合二個以上同樣之形象以造字之方法也。其方法與合象形表法（註九）同，不過彼爲合二個以上不同之形象，此爲合二個以上相同之形象而已。」

他接著說：

有重象以表物者，因是種物恆爲叢聚的，或本爲某種物集合之名，如……林本爲木集合之名是也。則即可謂之複體的實象形表字。有重象以示事狀者，則亦圖形象而存有此其所表爲動作，或此其所表爲狀態之意也。而亦可分爲直切與推申（表物亦有須推申者，如蟲鬥畾是也。）兩種。其推申見意者，亦與借象類。至其體則有二疊者、三疊者、四疊者。……其位置有竝置者、有疊置者、有相對者、有相背者。（註一〇）

如說文朿部棗字下云：「棗，羊棗也，从重朿。」棘字下云：「棘，小棗叢生者，从竝朿。」沈括夢溪筆談說：「棗棘皆有朿，棗獨生高而少橫枝，棘列生卑而成林，以此爲別。其文皆從朿。朿音刺，木芒朿也，朿而相戴立生者，棗也；朿而相比橫生者，棘也。不識二物，觀文可玩。古人制字之妙義如此。」棗與棘由於重疊的方法不同，在圖繪中所顯現的結果也就有異了。𨺅部𨺅字下云：「𨺅，兩阜之間也，从二阜。」畕部畕字下云：「畕，比田也，从二田。」戴師靜山說：「兩阜相對，中爲隧；兩田相比，中爲界。不着隧、界之形，卽已圖隧、界之形也。然隧不限於兩阜之道，（阜下云：大陸、山無石者。）山間之道，亦爲隧也。（莊子馬蹄篇：山無蹊隧。）蓋古必作兩個山阜之共形，而空其中，卽是隧也。又掘地通道亦曰隧。（徐灝箋謂是引申義，恐誤。蓋隧之語根起於遂，卽从意之象。古時必有修鑿山阜以通路者，卽名之曰隧也。）是其義須就象推廣之。界亦非必謂田與田之界爲畕，（畺下云：界也。）國界亦曰疆也。則其義亦須就象推廣之。」

2.由重疊的意念以見意：

戴師靜山稱這一類的會意字爲「重體義表法」，這是「會合二個以上同樣之字，以意義（取所从字之意義，或就所製字含有之意義著想）構製文字之造字法也。其方法與合體義表法（註一一）同，不過一則合二個以上不同之體，一則合二個以上同樣之體爲異耳。」

他接著說：

其體製又與重象形表法同，而一則以形象，一則以意義爲異耳。此類字亦屬合誼之會意，其重合也：有合二體者，有合三體者，有合四體者。其示義也：有示兼包或繁多之義者，有示更進之義者，有示化成之義者，更有以部位見義者。蓋字之形體以表現字義，亦由形表法變來者也。（註一二）

如說文言部譶字下云：「譶，疾言也，从三言。讀若沓。」以重疊三個言字來表示言之快速繁多的意思。㠭部㠭字下云：「㠭，極巧視之也。从四工。」陳光政會意研究釋曰：「工者，矩之初也，以其中規中矩，故引伸作巧飾也。从四工會意者，非象工之謂，若謂象工，則从三工足矣，故知从四工，言巧視之極至也。然無『視』之義，疑『視』乃『飾』之別字。」由四工的重疊，顯現出工巧之至極。

雖然會意字有由形體的重疊以見意的這一類，但是，我們應該特別注意的是：並非所有同體重疊字都是會意字。馬敘倫說：

然合數同形之文以爲一字者，別之有二種：一即異文，一爲會意。異文者，其形雖復重，而意義無殊也。會意者，與其他合不同形之文或二或三或四以會意者，同其構造之規律也。若異文者，止是緐茂其體。（註一三）

如果形體重疊之後，字的音義仍舊未變，則只能視爲原形的繁體而不能把它納入會意字的範圍中。如說文沝部沝字下云：「沝，二水也，闕。」王筠句讀釋云：

既釋以二水也，而又云闕者，蓋沝即水之異文，許君未得確質，故不質言之，……安康王玉樹松亭曰：鄺氏易：坎爲水，水作沝。郭忠恕佩觿集：音義一而體別，水爲沝，火爲焜，是水與沝音義竝同。筠案此說最精，凡疊二成文者，如叒㸚棘兟吅屾豩䲜斦等字，皆當與本字無異。

其他如說文𣎵字下有籀文作𣏟，亦可證𣎵𣏟仍爲一字。而說文又部友字下云：「友，同志爲友，从二又相交。」則是由兩人攜手之象，表示互相友好之意，與又之本義完全不同，所以友字是借實象的重疊，以推申表義的會意字。

## 第二節　由說文於會意詮釋之術語談會意字之分類

說文中明白標出會意的，只見於囗部圂字下云：「圂，豕廁也，从囗，象豕在囗中也。會意。」據朱駿聲六書爻列的統計，會意字有一千一百六十七字，其中形聲兼會意的有三百三十七字。如果把說文對這八百三十字詮釋的術語分析歸納一下，包括明指爲會意的圂字在內。今人陳光政在會意研究中，把它們分成了二十四類（註一四）：一曰說文標明會意，二曰說文詳釋會意，三曰說文从某某會意，四曰說文从某从某會意，五曰說文从二某會意，六曰說文从三某會意，七曰說文从某某某會意，八曰說文从某某省會意，九曰說文从某从某从某會意，十曰說文从某省从某會意，十一曰說文从某从某省會意，十二曰說文从某从某某會意，十三曰說文从某某从某會意，十四曰說文从四某會意，十五曰說文曰某某某某會意，十六曰說文从某从某某省會意，十七曰說文从某某某省會意，十八曰說文曰从某从某从某省會意，十九曰說文从某从某从某會意，二十曰說文从某某並省从某會意，二十一曰說文从某省从某某會意，二十二曰說文从某某某某會意，二十三曰說文从某省某省會意，二十四曰說文从三某三某會意。

由於陳氏不認爲會意字中有兼象形、兼指事及兼聲之類（註一五），若再加上說文中對於會意兼象形、指事參差的說明及會意兼聲的詮釋，有曰从某某、某亦聲者，有曰从某从某、某亦聲者，有曰从某某、某亦聲者，有詳釋會意後再云某亦聲者，則達二十八類以上之多。不過其中有的僅見一例，如二十二類的五異體會意字僅見鬱字下說解，有不少是似異而實同的，陳氏爲求其詳盡，故不憚求其分，本文爲求尋省易了，僅從幾個大類來說：

## 甲、會意正例

### 一、異文比類：

#### 1.即形以見意

這一類也就是陳光政氏所謂的「說文詳釋會意」，其見意的方法，取自繁複的圖繪，其字組合的各部分正好是表意圖象整體的一分子，令人一見而知其意。如說文木部杲字下云：「杲，明也，從日在木上，讀若豪。」杳字下云：「杳，冥也，從日在木下。」以太陽升出樹梢的圖象示天明之意，而用日落樹下顯現冥而不見，都可以即形而明其意。（註一六）

#### 2.合兩字以上為意而順遞言之者：

段玉裁說：

凡會意之字曰从人言，曰从止戈。人言、止戈二字皆聯屬成文，不得曰从人从言，从止从戈。而全書內往往爲淺人增一从字，大徐本尤甚，絕非許意，然亦有本用兩从字者，固當分別觀之張度說文解字索隱六書易解曰：

（註一七）

其文順敘者，則該爲從某某，其文對峙者，別訓爲從某從某，皆會意之正也。

凡陳氏所謂的「說文从某某會意」、「說文从某某某會意」、「說文从某某某某會意」、「說文从某某某某會意」、「說文从三某三某會意」都屬這一類。這一種方法好像是一種化學變化，組成會意字的各分子融合後，方能產生新意，而此一新意與多分子原來的意義無關，也就是廖平所說的如夫婦會合而生子，其子於父母之外自成形體，別具面目。」

如說文禾部采字下云：「采，禾成秀，人所收者也，从爪禾。穗，俗从禾惠聲。」王筠釋例例云：「采從爪禾，所爪者穗也。」以手持穗，而衍出了禾成秀的意思。　日部暴字下云：「暴，晞也，从日出𠬞米。」段氏云：「日出而竦手舉米曬之，合四字會意。」太陽出來，把米捧出去曬，正好溶滙成「曝曬」的意思。

於本部又有㬥字下云：「㬥，疾有所趣也，从日出本𠬞之。」段注云：「趣當作趨，引申爲凡疾之稱。」又云：「按此與暴二篆形義皆殊，而今隸不別，此篆主謂疾，故爲本之屬，暴主謂日晞，故爲日之屬。」㬥也是融合日出𠬞本四字以顯現急促匆忙之意，而由於後世暴、㬥二字形近而混，只得另造形聲之曝字以取代日晞之意。

3.合兩字以上之義並峙以見意的

說文也有用「从某从某」來分析會意字的情況。這一類的字源先透過對會意字組成分子個別的了解，然後再從其間的相通處找出關聯的意義來。陳氏所析的「从某从某」，「从某从某从某」，「从某从某从某从某」「从某从某某」，「从某某从某」都屬於這個範圍。不過要說明的是：「从某从某」、「从某从某从某」及「从某从某从某从某」是由各個單形的並峙以見意。「从某某从某」及「从某从某某」兩類則須先由「从某某」的部份順遞融合其意後，再與「从某」的部分並峙以見新意。如說文㠭部𡫳字下云：「𡫳，窒也，从㠭从𠬞窒宀中，㠭猶齊也。」段注云：「竦手舉物塡屋中也。」先說明了「从𠬞窒屋中」的意思，再說：「㠭猶四工同心同力之狀，窒不必極巧，故曰猶齊」。然後再合併顯示出「窒塞」的意思。

說文立部竦字下云：「竦，敬也，从立从束，束，自申束也。」一則示人立之意，一則示人自我約束，嚴以律己之意，則「敬」的意念得以顯現。又思部思下云：「思，容也，从心从囟。」段注云：「各本作囟聲，今依韻會訂。韻會曰：自囟自心，如絲相貫不絕也。然則會意非形聲。」今人常言「處心積慮」，正好題示出「思想」的意思。

## 二、同文比類：

凡陳氏所分之「从二某會意」、「从三某會意」、「从四某會意」都是屬於這一類，它們的特色，都是由形體的重覆以見意，至於見意的方法，詳見前節㈢「由形體的重覆以見意」一段。

# 乙、會意變例

## 一、會意之外別有所省者：

凡陳氏所分的「从某某省會意」，「从某省从某會意」「从某从某省會意」，「从某从某某省會意」，「从某某某省會意」，「从某从某从某省會意」，「从某某並省从某會意」，「从某省从某某會意」，「从某省某省會意」都是屬於這一類。龍宇純說：「所从之字，不書足其形而書其部分以當之者，是謂之省。」（註一八）文中只有一個从字的，是順遞以見意的省體會意；有二個从字以上的，是並峙以見意的省體會意。

文字會產生省體的現象，多半是行款的原因。唐蘭說：

> 古代圖畫文字的行款是很自由的，有些文字夾在別的圖畫空隙裡，有些文字的形式，完全跟著器物上的部位而定。……這種自由式的文字，到了長篇大段以後，就受了拘束了。我們在卜辭彝銘裡所見，大概每字的長短還是自由的，而寬度却慢慢地畫一起來，就是可以分出行來了。在文字的形式上，因之發生了巨大的影響。第一、原來正寫的字，像「虎」、「兕」、「象」、「馬」、「豕」、「犬」等字，因爲太橫潤了，就被豎了起來，頭在上，尾在下，變成側寫的了。……其次，許多四面發展的字，如「𩫖」字本象在高牆上四面都有小屋，……就是「射雉于高墉之上」的「墉」字。又如「韋」字本象在一座圍牆外，四面都有足跡，這些足跡代表很

多人在包圍或是保衞這個都邑。在這種行款裡，覺得不相稱了，所以把兩旁的房子或足跡都省去了，只留著上下，成爲現在的樣子。（註一九）

說文老部孝字下云：「，善事父母者，從老省从子，子承老也。」金文有等形，與小篆略同。龍宇純說：「省形聲之法，是在要求字形儘量簡化，同時使其趨向於或有卽於方正美觀的情況下發生，而如何騰挪出空隙以位置其餘的一體，更是常見現象。」把「老」字的下一半省略後，正好可放入「子」字，以達成了行款上整齊美觀的要求，也可以用來作爲省體會意的通例。

但是也有在造字的時候，卽以省掉結構中某一特定的部分來顯示出一些限定的意思。如說文木部梟字下云：「，不孝鳥也，故日至捕梟磔之，從鳥頭在木上。」段注本誤改說解爲「從鳥在木上」。徐灝說文解字注正之云：「若但言从鳥在木上，則凡鳥棲皆可言，何見梟磔之義乎？」造字者的用意或在以鳥頭懸木上示衆以見不孝鳥之義。

也有說文雖指爲省體會意，而徵之於古文字，仍爲會意正例的情形。如鹿部麀字下云：「，牝鹿也。从鹿从牝省。」而甲文作，馬敍倫原流與傾向一文曰：「其實牝牡的初文是七士。」葉玉森殷虛書契前編集釋云：「卜辭中牝字有从牛羊犬馬豕五形，疑从牛卽牛之牝，从羊卽羊之牝，从犬从豕亦然，用牲之禮如是，故分別書之。」以鹿注上了雌性的表徵七，牝鹿之義可見，不必說从牝省。

偶爾也有少許的字，由於許愼對古文字參考的資料不及後人方便，誤解了文字組合的分子而指爲省體會意，而其字另有由來者。如由部畏字下云：「[illegible]，惡也，从由虎省，鬼頭而虎爪可畏也。」許書如虎字之結構既已誤解（註二〇），从虎省而來的字，當然也就有了問題，甲文畏字有[illegible][illegible][illegible][illegible]等形，毛公鼎作[illegible]，王孫鐘作[illegible]。羅振玉增訂殷虛書契考釋云：「古金文作[illegible][illegible]，从[illegible]及手形，或省手形从[illegible]（當是攴省），此則从鬼手持卜，鬼而持攴，可畏孰甚，古金文或作[illegible]，既从卜又加攴，初形已失矣。」而小篆在鬼頭下加一橫線作[illegible]，形義遂晦而不明。其實在文字上另加橫線並無特殊用意，兵字小篆作[illegible]，下云籀文作[illegible]，王筠釋例說：「籀文兵从一无意也，特以一界畫於斤與[illegible]之間，取飾觀耳。」

## 二、會意之外別有所增者：

說文往往於字形之解析已說明了二個以上成文的見意部分外，又於其中夾入「某象某某之形」的字樣，前輩學者，如朱宗萊等人，於所象爲具體實物者稱之爲「會意兼象形」，於所象爲抽象意念者稱之爲「會意兼指事」。弓英德的六書辨正說：

> 形、事、意、聲，各有門戶，不相參雜，會意兼形、兼事、兼聲者，皆誤也。

陳光政從其說，所以在會意研究中對於這一類，闕而不論。然而黃季剛先生論文字製造之先後說：

> 其奇侅者，會意、形聲已成字矣，或又加以一文，猶留上古初造字時痕迹。如龍之爲字，从肉童省聲，固形聲字矣，而[illegible]爲象形（註廿一）。牽之爲字，从牛玄聲，又形聲字矣，而冂象牛縻。此二文，或象形，或指事，又非前之半字比，今爲定其名，曰雜體。

既然象形和指事是以獨體字爲其範疇，而會意兼象形及會意兼指事的字比起會意字來，更多出了不成文的部分，當然不能把它們視作增體象形與增體指事對等看待，是以本文仍將它們置入會意變例之中。

如說文畫部畫字下云：「畫，界也，象田四界，聿所以畫之。」王筠釋例云：「畫字聿田會意，凵指事。」僅以聿田不足見意，必須加上不成文的田之四界以指示，界畫之意才能顯現，從小篆的結構上去分析，應該是會意兼指事的字。矢部侯字下云：「矦，春饗所射侯也，从人，从厂象張布，矢在其下。天子䠶熊虎豹，服猛也；諸侯䠶熊豕虎；大夫䠶麋，麋，惑也；士䠶鹿豕，爲田除害也。其祝曰：毋若不寧侯，不朝于王所，故抗而䠶汝也。𥎦古文侯。」段注云：「侯凡用布三十六丈，侯之張布如厓巖之狀，故从厂。」則厂正是射侯本身之形，古文𥎦於厂下加矢，恐怕是爲了與山石之厓巖別異，用來作補充說明用的，本來只是增體象形字，甲文與金文之寫法亦復如此，到了小篆又在厂上加人，因而變成了會意兼象形。

在這一類字中多出的不成文部分，有時不止一個，如爨部爨字下云：「爨，齊謂之炊爨，𦥑象持甑，冂爲竈口，廾推林內火。」其中𦥑林廾火四字雖已成文，必須加上不成文的甑形與竈口之形，於灶上持甑，灶下推入柴火的炊爨之意方能明白。

## 三、會意兼聲：

說文中又有詮釋字形作「从某从某，某亦聲」者，作「从某某，某亦聲」者，「从某某某，某亦聲」者，對這一類的字，究竟如何歸類，說法不一。段注云：

有似形聲而實會意者，如拘、鉤、笱皆在句部不在手、金、竹部；莽、莫、葬不入犬、日、死部；𦬔、糾不入艸、糸部之類是也。

從說文分部的不同，而將它們歸入會意。而廖平六書舊義則以爲：

象意以意爲主，象聲以聲爲主，象意不兼聲，象聲不兼意，各爲門戶，不相參雜。舊說有意兼聲者，誤也。爲此說者，本許書从某某亦聲。按許書此類皆晚俗字，經典只用其得聲偏旁，無此僞體。王氏（謹案：文字蒙求）會意兼聲二百五十文皆此例也。此類晚俗所兼，別爲一類。不可因此而混意聲也。

他認爲這一類的字都是另造的後起俗字，不宜與會意或形聲相混。蔣伯潛文字學纂要說：

「訥」促言从內，內亦聲，「珥」字從玉從耳，耳亦聲，「政」字從攴從正，正亦聲；「化」字從人從匕，匕亦聲。這一類字很多。說者叫它們「會意兼聲」，都歸在會意一類。那末，何嘗不可反過來說，叫它們「形聲兼義」，把它們都歸入形聲一類呢？我以爲這本是會意形聲二類之間底字。歸入會意，或歸入形聲，都可以的。

蔣氏則認爲這一類的字，介於會意與形聲之間，不必去強爲劃分割裂。

對於這個爭論，龍宇純認爲：

亦聲說非無根據，前人說某字从某亦聲，亦非漫無標準。只是「亦聲」二字意義既不顯豁，又無明確界說，或雖有標準而又不能嚴格遵守，遂使人有「散無友紀」的感覺。殊不知亦聲的背景是語言，任何二字，如聲音與意義果眞有密切關係，卽表示所表語言有血統淵源，果眞某字从某旣取其義，又取其聲，卽表示此語此字由某語某字所孳生。換言之，其字卽某字之轉注。除非能否定語言孳乳的事實，則文字有亦聲現象不容置疑。故前云亦聲說非無根據，其根據卽語言孳生關係，而前人云某字从某亦聲，亦正根據此層關係而言。（註廿二）

此段很清楚的說明了亦聲字的來由。我們更可以從說文中找出兩條線索來說明亦聲字卽孳乳字。首先以說文的重文爲證：刀部劃字下云：「劃，錐刀畫曰劃，从刀畫，畫亦聲。」然畫部畫字下重文云：「畫，古文畫。」饒炯說文部首訂畫下云：「古文本从聿田會意，亦古文从畫如刀，刀所以畫之；篆文从畫加四界，四界者畫之形，皆會意中之轉注也。」朱駿聲通訓定聲劃字下注：「此古文，說文本在畫篆下。按當爲劃之古文，今移置于此，其實劃字後出，卽畫字轉注之意。」固然朱氏於轉注之定義有其一家之言（註廿三），但是劃字正好是畫的孳乳字。　彳部得字下云：「得，行有所得也，从彳㝵聲。㝵古文，省彳。」見部㝵字下云：「㝵，取也，从見寸，寸度之亦手也。」徐灝說文解字注箋云：「㝵得古今字。」朱駿聲通訓定聲㝵字下云：「按古有㝵無得，小篆加彳，實一字也。」徵之於甲文㝵有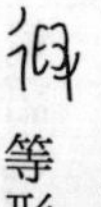等形，羅振玉說：「此从又持貝，得之意也，或增彳。許書古文从見，殆亦貝之譌。」更清楚的看出「得」是「㝵」的後起孳乳字。其次，說文中偶有一字兩收的情形，固然有些時候是由於會意字諸體皆義，在歸納部首部時無定例，所以「敫」字見於出部及放部，「吹」字見於口部及欠部，「右」字見於口部及又部，都是這樣的原因（註廿四）。但是說文有時對這些一字二收的字，在解析它們的結構時，却有二種不同的詮釋。如口部吁下云：「吁，驚也，从口于聲。」于部吁下云：「吁，驚語也，从口从于，于亦聲。」前者訓爲形聲，後者訓爲會意兼聲。王筠句讀于部吁下云：「于乃古字，吁則絫增字也。」釋例云：「于下云：於也，象气之舒于。案烏下云：取其助气，故以爲烏呼。於卽烏之古文，可知于嗟麟兮，于嗟乎騶虞，皆古文，非借字，後人借于爲語詞，乃加口以別之。」則吁爲于之孳乳字。豈部愷下云：「愷，康也，从心豈，豈亦聲。」心部愷下云：「愷，樂也，从心豈聲。」也是一訓會意兼聲，一訓形聲。徐灝說文解字注箋豈部愷下注：「此當是豈之重文，因豈字爲語詞所專，故增心旁。心部重出愷篆，淺人妄增。」王筠釋例說：「豈愷古本一字，後乃分用之，故許君收愷於豈部而不以爲重文。豈下云『還師振旅樂也』，此義周官大司馬作『愷』，愷下云『康也』，與爾雅釋詁同，而詩魚藻則作豈，此古本一字之證也。」口部否下云：「否，不也，从口不。」不部否下云：「否，不也，从口不，不亦聲。」前者訓爲順遞見意之會意字，後者訓爲會意兼聲字，徐鍇繫傳不部否下注：「否者，不可之意見於言也。」王筠句讀不部否下注：「卽以部首說之者，明否爲不之分別文也，但分其可否一義，而鄂不華不注自作不也。」

王筠釋例云：「言亦聲者凡三種：會意而兼聲者一也。形聲字而兼意者二也，分別文之在本部者三也。」而舉「禮」爲例曰：「禮下云：從豊，豊亦聲。豊，行禮之器也。禮之從豊用其正義，是謂意兼聲。」徐灝說文解字注箋禮下云：「豊本古禮字，相承增示旁，非由會意而造也。」則禮亦爲豊之孳乳字。王氏又認爲：「娶婚姻下，大徐本竝云亦聲，誤。小徐本祇云取聲昏聲因聲，不復言從取昏因，是也。說已云取婦也，娶婦以昏時，女之所因，則意已明矣。皆引申之義，非本義也，故下文祇說其聲。大徐本則不知例者所增也。」則此三字應爲形聲字而聲兼意之一例。然於其句讀娶下又說：「以取釋娶，明娶爲取之分別文也。」姻下注：「案昏因古字，婚姻後作。儀禮有昏禮不作婚禮。白虎通：婦人因夫而成，故曰因。詩云：不惟舊因。謂夫也。」則婚姻亦爲昏因之後起孳乳字。釋例釋分別文曰：「字有不須偏旁而義已足者，則其偏旁爲後人遞加也。其加偏旁而義遂異者，是爲分別文，其加偏旁而義仍不異者，是謂累增字。」娶旣是取的分別文，當然也是取的後起孳乳字。

由以上所舉的例子中，可以看到會意兼聲孳乳而來的脈絡，它們實際也就是廖平所謂的「晚俗所兼」的後起字，在最早的初形，本來只有兼意又兼聲的那一部分，爲了使它的意義更明確，才加上另一部分去補充說明。段氏特別強調拘、鉤、笱之入句部而不入手、金、竹部，也不外這個原因。而由許愼對於一字兩收的字或析爲會意、或析爲會意兼聲、或析爲形聲，固然或許是沒有嚴格遵守自己分類的標準，但事實上，它們的衍成與形聲字中「卽聲卽意」的那一部是相似的。要再明確的探討，這些會意兼聲字都是兼義又兼聲那一部分的轉注字，詳情參看轉注通釋。

註一：說文旦部旦字下云：「旦，明也，从日見一上，一地也。」很明白的指出一是示地平線的事象的虛象而非紀數之一，所以旦是指事字而不得以之爲會意，詳見上章增體指事部分。

註二：見吳稚暉說文解字詁林補遺序附辨

註三：見中國文字構造論第一章第六節合象形表法

註四：見唐蘭中國文字學文字的演化一章

註五：見中國文字構造論第二章第一節合體義表法

註六：見唐蘭古文字學導論上篇二已象意文字

註七：唐蘭古文字學導論云：「這書裏的象意文字的範圍，包括舊時所謂『合體象形字』、『會意字』和『指事字』的大部分，所以和原來的會意字迥然不同。讀者們對『象意』這個名詞倘還不能了解，這裏有一個最簡捷的方法，只要把象單體物形的『象形字』和注有聲符的『形聲字』區別出來，所剩下的就都是『象意』。」

註八：見馬敍倫說文解字六書疏證說文敍注

註九：戴師所謂「合象形表法」即在本文所指「由複雜圖繪以見意」之會意字

註十：見中國文字構造論第一章第七節重象形表法

註一一：此合體義表法卽本文所指之「由複雜意念以見意」之會意字

註一二：見中國文字構造論第二章第二節重體義表法

註一三：見馬敍倫說文解字六書疏證自序

註一四：陳光政指出的會意字總數是七百十五字，較朱駿聲少一百十五字。詳見陳氏會意研究自序

註一五：陳氏會意研究會意論史略論會意兼聲云：「比類合誼之字，以意爲主，字音當不在合誼之偏旁中，與象形、指事同屬無聲字也。若言亦聲，則與形聲無異，故凡前人所謂會意兼聲者，於會意而言，則不能成立，若歸屬形聲字，則亦聲字與凡从某聲多有某義之形聲字同例矣。」又論會意兼象形、指事云：「兼象形與兼指事之會意，因與『比類合誼』之則不符，當刪去，宜各歸合體象形與合體指事。」

註一六：說文除杲、杳兩字外，另東部東下云：「東，動也，从木。官溥說：從日在木中。」說者往往以此三字爲說來顯現中國文字之巧妙，然徵之於甲文，東字有東東東等形。李孝定甲骨文字集釋說：「契文金文日作⊖若⊙，而東字从⊜⊗⊖諸形，均非日字，足證許說之誣。徐（中舒）、丁（山）二氏謂東卽橐字，東

橐雙聲，遂叚橐爲方名之東，其說塙不可易。卜辭東均用爲東西字，金文作東(散盤)……均與契文同。」

註一七：見說文解字注卷十五說文敍會意條下注

註一八：見龍宇純中國文字學第七章論省聲與省形

註一九：見唐蘭中國文字的演化二二「行款、形式、結構、筆畫」

註二〇：參看本文象形章下釋名部分對虎字之說明

註二一：說文詮龍字之形云：「从肉，龍象肉飛之形，童省聲。」故黃氏用來作雜體字例，然魯實先先生叚借遡原說：「龍於卜辭作[illegible][illegible]，龍毌尊作[illegible]，龍白戟作[illegible]，是皆象頭冠張口及身尾之形，篆文作龍，則又兼象其脊鬐，上體之[illegible][illegible]猶鳳於卜辭作[illegible][illegible]，亦象其頭冠，文倶象形。」

註廿二：見龍宇純中國文字學第三章第六節論亦聲

註廿三：朱駿聲以轉注爲「體不改造，引意相受」，又「凡一意之貫注，因其可通而通之爲轉注。」又「就本字本訓而因以展轉引申爲他訓者曰轉注。」又「依形作字，覩其體而申其義者轉注也。」又云：「轉注不易字而有無形之字，可以省後世之俗書。」都相當於字義的引申。

註廿四：出部敖字云：「敖，游也，从出从放。」放部敫字云：「敫，出游也，从出放。」口部吹字云：「吹，噓也，从口欠。」欠部吹字云：「吹，出气也，从欠从口。」一以順遞見意詮釋，一以並持見義詮釋，故後人往往有將此二類相混者。

# 第七章　形聲通釋

## 第一節　釋　名

許敍云：「形聲者，以事爲名，取譬相成，江河是也。」根據朱駿聲六書爻列的統計，在說文九千三百五十三字中，形聲字有七千六百九十七個，其份量約佔全書的百分之八十二強，在六書中可謂蔚然爲大國，無出其右者。因此歷代的學者們，對於形聲字的定義和由來，見仁見智，各有許多不同的看法，帥鴻勳在六書商榷中論及形聲界說時，把這些不同的看法析爲「有主半形半聲者」，「有主半義半聲者」，「有主卽聲卽義者」，「有主初有聲無形者」四類，但細分諸家學說，另外還有主張形聲字是「初有形無聲」的一說。玆擇其要，把各說的主要意見加以摘錄。

**一、主半形聲之說者：**

蔣伯潛文字學纂要說：

以事爲名者，猶言以事物造字，此指表義之「形」；取譬相成者，則謂取譬於語言中呼此物之聲，合於表義之形以成新字，此指表音之「聲」，合「形」與「聲」以造成新字，故曰形聲。……「形」和「聲」，各取已有的「文」爲一體，合之以成新字，所以也是合體的「字」。卽其中有不成字的，決不至占表義的形底全部。這是形聲和象形、指事底不同。雖是合已有的文而成新字，必有表聲的一體。這又是形聲和會意底不同。

## 二、主半義半聲者

段玉裁說文解字注形聲條下云：

形聲卽象聲也，其字半主義半主聲。半主義者，取其義而形之；半主聲者，取其聲而形之。不言義者，不待言也。得其聲之近似。故曰象聲、曰形聲。

又釋形聲定義曰：

事兼指事之事，象形之物，言物亦事也；名卽古曰名今曰字之名。譬者，諭也，諭者，告也。以事爲名，謂半義也；取譬相成，謂半聲也。江河之字，以水爲名；譬其聲如工可，因取工可成其名。其別於指事、象形者：指事、象形獨體，形聲合體。其別於會意者，會意合體主義，形聲合體主聲。

## 三、主卽聲卽義者

沈括夢溪筆談云：

王聖美治字學，演其義以爲右文。古之字書皆從右文，凡字，其類在左，其義在右，如木類，其左皆从木。所謂右文者，如戔，小也；水之小者曰淺，金之小者曰錢，歹之小者曰殘，貝之小者賤。如此之類，皆以戔爲義也。

今人蔣善國中國文字之原始及其構造，再承王子韶之說加以擴充曰：

戔，小也。絲縷之小者曰綫，竹簡之小者曰箋，木簡之小者曰牋，農器及貨幣之小者曰錢，價值之小者曰賤，竹木散材之小者曰棧，車之小者曰棧，鐘之小者亦曰棧，酒器之小者曰盞、爲琖、爲醆，水之小者曰淺，水所揚之細沫曰濺，小巧之言曰諓，物不堅密者曰俴，小飲曰餞，輕踏曰踐，薄削曰剗，傷毀所餘之小部曰殘。凡此皆以戔爲聲，亦卽以戔爲義也。青字有指明之義，故日之無障蔽者爲晴，水之無混濁者爲淸，目之能見者爲睛，米之去粗皮者爲精。凡此皆以青爲聲，亦卽以青爲義也。侖字隱含分析條理之義，起初只有侖字，就言語而言，則加言而作論；就人事而言，則加人而作倫；就絲而言，則加糸而作綸；就車而言，則加車而作輪；就水而言，則加水而作淪。凡此皆以侖爲聲，亦卽以侖爲義者也。堯字隱含崇高延長之義，起初只有堯字，就舉足而言，則加走而作趬；就頭額而言，則加頁而作顤；就山而言，則加山而作嶢；就石而言，則加石而作磽；就馬而言，則加馬而作驍；就犬而言，則加犬而作獟；就鳥羽而言，則加羽而作翹。凡此亦皆以堯爲聲，亦卽以堯爲義也。

## 四、主初有聲無形者：

廖平六書舊義云：

象聲卽後來之叚借，其初有聲無形也。當夏殷之際，只有形事二者，而水木之名則與物相始，如江河松柏，未造字之先已有此名，卽所謂本無其字是也。因其名近工可公白，卽借音以名之，所謂依聲託事是也。……此爲象聲之本，故以聲爲主，亦如叚借無本字，但以聲爲主也。通行旣久，乃各加偏旁，工可加水，公白加木，遂爲形聲本字。……今以一曰決之曰，象聲、叚借一也，加偏旁者爲象聲，不加偏旁者爲叚借；取象聲而去偏旁便爲叚借，取叚借而加偏旁便爲象聲。

又云：

象聲字其初只如叚借取聲而已，無形屬偏旁也，故以象聲爲名，叚借已久，後人於叚字依類加形，遂成本字。

## 五、主初有形無聲者

徐鍇說文繫傳云：

形聲者，實也。形體不相遠，不可以別，故以聲配之爲分異。

又云：

江河四瀆，名以地分；華岱五岳，號隨境異，逶迤峻極，其狀本同。故立體之側，各以聲韻別之。六書之中，最爲淺末，故後代滋益多附焉。

戴師靜山吉氏六書一文申其說，曰：

形聲這個名稱，班固叫做象聲，鄭衆叫做諧聲，都不如許愼形聲之確。因爲原來只是一個圖象——形——上，加一個音標，形與聲兩者都是名詞。（黃以周六書通故謂形聲與諧聲義同，皆上字虛，下字實。形聲者，名之形於聲者也。其說非。）譬如江河，畫一條水，加一個工的音標，就代表了揚子江，加一個可的音標，就代表了黃河。這種方法的起源，恐只施用於同類異形的物上。如同爲木，而松柏不同；同爲鳥，而鳩鴿不同。共象的木鳥，可以用象形的方法，別象的松柏鳩鴿就不易再用象形的方法。於是在共象上加音標，以表示別象。字的構成，是一個形，加一個音，故謂之形聲，形是主聲是輔。以後擴充，抽象的觀念，也用這種方法來造字，就無所謂形，而也不見主從之分了。

在以上五派學說中，主張「半形半聲」及「半義半聲」的學者們，都將形聲字分作二個對等的部分來看，一體主形，一體主聲，而文字的意義可由表形的一體得知，表聲的一體只負責紀錄語言，所以這二派的學說是似異而實同的，並都認爲形聲字是形與聲並重的。而主張「卽聲卽義」的學者們，認爲形聲字原來只有表聲的那部分，那部分正好是意義之所寄，後來才加上表形的部分以補充說明字的類別。主張「初有聲無形」的學者，雖也認爲形聲字最初只有聲符，但是這聲符與字的意義無關，蓋「文字所以代表語言，古代語言底聲音比現代少，同一個音，而語言中代表許多不同的事物，寫成文字未免難於區別，於是不得不分別加以表形義的部分，在未加表形義部分之前，則是叚借，旣加之後則爲形聲。」(註一)此二派之所同，都認爲形聲字是以聲符爲主的。主張「初有形無聲」的學者，則認爲形聲字本只有形符，它們正好是實物的形象，但是同形而異名的事物很多，因而不得不再加聲符以爲分別。以爲形聲字本來是以形符爲主的。由於這些學說多半是基於文字或語言的關係所作的推論，所以有時雖然舉出相同的例證，對於字形的衍成，却有不同的見解，容易造成困擾。龍宇純曾對說文形聲字所包含的形態作了詳盡的分析，正好可以用來澄清這些困擾。茲將龍氏之分析及例證摘錄如下：

**甲、象形加聲**　此類字原是象形字，由於形不顯著，或不易書寫，或不易與他字分辨，於是加一聲符，與合體象形字之加義符者用意相同。如「鳳」字甲骨文作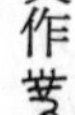若，爲一純象形字，或加凡聲作若，後爲簡便起見，改鳳形爲鳥字，而成小篆之。「雞」字甲骨文有書作者，爲雞之純象形，或加奚聲作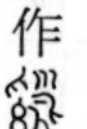，後世改雞形爲鳥字，而成小篆之，情形與鳳字同。

**乙、因語言孳生而加形**　此類字所表之語言，原爲另一語言之子語，或爲另一語言之別名、專名。故其初只書代表其母語或共名、通名之字，後來求其彼此間的顯著區別，即於代表其母語或共名、通名之字上，加一表示類別的義符，於是而形成此類形聲字。　如楣湄二字，說文云：「楣，秦名屋檐聯也。齊謂之檐，楚謂之梠。从木，眉聲。」一般的了解，以爲楣字即取木眉二字配合而成，聲符部分只是由於音同的偶然結合，不更有其他淵源。實則楣是由眉字加木旁，因語言上「楣」即是「眉」爲下垂義的孳生語，其字原只作眉。王念孫廣雅疏證云：「楣字皆下垂之名，故在人亦有眉字之稱。」朱駿聲說文通訓定聲楣下云：「七發陽氣見于眉宇之間。案以屋之近前下垂處喻額前也，以眉爲之。」並指出二者語義上的關係。而劉熙釋名云：「楣，眉也。近前若面有眉也。」更將楣語之形成點明。釋名在探求語源上類皆傅會穿鑿，此則其少數可信者之一。說文又云：「湄，水艸交爲湄，从水、眉聲。」與解楣同，以爲普通形聲字。然「湄」亦爲「眉」之孳生語。故釋名云：「湄，眉也。臨水如眉臨目也。」金文小臣逑篇云：「白懋父以殷八臣征東夷……伐海眉。」漢書游俠陳遵傳云：「居井之眉。」並以眉爲湄字。顏師古急就篇麋字注云：「目上有眉，因以爲名。」甲骨文麋作，象形，其首與眉字不異。荀子非相篇云：「伊尹之狀，面無須麋。」亦以麋爲眉。則詩經巧言篇：「居河之麋。」用麋爲眉，除音同外，亦基於語義上的本爲親屬。並有助於「湄」由「眉」孳生的瞭解。

**丙、因文字假借而加形**　此類形聲字，原由其聲符部分基於音的同近關係借代，後依其義類增添偏旁，以與其聲符之本義區別，而形成形聲字。如廣韻房久切下有蝜𧍪二字，蝜下云𧒂蝜，𧍪下云鼠婦，並說文所無。爾雅釋蟲云：「蟠，鼠負。」說文云：「蟠，鼠婦也。」鼠黍𧒂與負婦蝜𧍪分別同音，𧒂蝜、鼠𧍪無疑與鼠負、鼠婦並同，蝜𧍪二字不過分別於負或婦上加注虫旁，後者又將婦字原有女旁省去。黍婦的寫法雖未見，此虫又名委黍，可見𧒂字即於黍字增加虫旁。集韻𧒂字或體作𧍸，正是爾雅說文鼠負或鼠婦的後起字。　又如祿字，甲骨文未見，而凡福「祿」字作彔，金文仍同。則祿从彔爲聲，顯以此假借爲其基礎。具體而言，即由彔字增示旁，使成專字。可見形聲字部分由假借而來。所謂本字，乃反出現於借字之後。

**丁、从某某聲**　此類字，形符部分既非專爲其字而造，與甲類不同，聲符部分亦無語源或假借關係，只是基於同音近的條件，偶然取以譬況，又與乙丙類相異。如說文云江字从水工聲，河字从水可聲。

如以上分析，說文形聲字其實性質非盡相同。甲類字於形加聲，是以形爲主，以聲爲從。乙丙兩類於聲加形，是以聲爲本，以形爲屬。丁類一形一聲，而形與聲並無主從之別。甲類與丁類接近。乙丙兩類與丁類絕異。此外，尚有一類似無聲符而實有聲符的文字，亦由假借而產生之轉注字，而與丙類不同。丙類字加形，是爲別於其字之本義，此則因假借之後，其字爲借義所專，於是加一形符，使成合體，以表其原有之義，而其原有之形則已退居聲符地位。如說文氣字或體作餼，段氏云：「从食而氣爲聲，蓋晚出俗字，在假氣爲气之後。」卽言氣雖爲餼字初文，在餼字之中，實已退爲聲符。（註二）

龍氏所析之甲類略相當於「初有形無聲」的形聲字，不過有些初有形無聲的字，是爲了同類異形，無法藉形來表現它們的不同，因而加聲來辨別的，如鳩與鴿字。也有由聲化的原因，在無聲字上加聲而衍成的，如曐字、往字，不僅在於「形不顯著，或不易書寫，或不易與他書分辨」與「或因爲不易繪得準確，或因爲本身無顯著特徵，不易確識；或又有因求別於而相關之象意字；於是加一聲符。」而已。乙類正是「卽聲卽義」的形聲字。丙類正是「初有聲無形」的形聲字。丁類則爲「半形半聲」及「半義半聲」的形聲字。所以它們都是形聲字由來的途徑之一。如果要再詳細劃分，形聲字中還有一類是其字爲引申義所專，於是另再加形符衍成的轉注字。它們與乙類不同的地方，在於新字所紀錄的爲本義而不是後起引申義。如縣部縣字云：「縣，繫也，从系持県。」段注云：「古懸掛字皆如此作，引申之則爲所系之稱。周禮：縣系於遂。邑部曰：周制地方千里，分爲百縣。則系於國，秦漢縣系於郡。釋名曰：縣，縣也，縣係於郡也。自專以縣爲州縣字，仍別製从心之懸挂也。別其音，縣去懸平，古無二形二音也。」說文中未收懸字，但「懸」所表示的，正好是「縣」的本義。又如鼻部鼻字下云：「鼻，所自引气自畀也。从自畀。」徐灝曰：「自本象鼻形，因爲語詞所專，故又从畀聲。」王筠句讀曰：「今人言自，自指其鼻，有古義焉。」饒炯說文部首訂云：「鼻即自之轉注。」則說文雖以鼻字爲會意字，但畀字僅是後加上的聲符。其構造雖與「象形加聲」不殊，但是「鼻」字的衍成却在於本字爲引申或假借義所專之後，加聲以明本義。所以這一類的字也都是後起衍成的形聲字。由這樣的分析，我們可以看出，文字的發展無論由形或由聲，最後都以形聲字爲依歸，在文字中，形聲字的數量最多，也就無足爲奇了。

## 第二節　形聲字的形符與聲符

唐賈公彥周禮正義地官保氏條下云：

書有六體，形聲實多。若江河之類，是左形右聲；鳩鴿之類，是右形左聲；草藻之類，是上形下聲；婆娑之類，是上聲下形；圃國之類，是外形內聲；闕闠衡銜之類（註三），是外聲內形。」

把形聲字形符與聲符位置的配合，因上下，左右，內外的不同，分作六類。固然形聲字中以左形右聲的字最爲普遍，如金、木、水、人、玉、牛諸部作形符偏旁的都是。但是往往也製顧及形符或聲符本身的結構而有所因應。如艸字寬而扁，自然以艸爲形符的字，多半成了上下對等的結構，而成上形下聲，如草、藻。儿字不但寬扁，而且底部比較厚重，於是从儿爲形符的字，自然成爲上下直列的結構，成爲上聲下形，如兒、充。囗字內部的空間正好放入聲符，如圓、團等字，自然形成了外形內聲。門字用作聲符時，內部空間正好可放置形符，於是閩問成了外聲內形。而鳥的左邊是整齊的，正好可與另外的一半湊成整齊的方塊字，因而鷄鴨成了右形左聲。

然而從古文字上看，由於筆劃及組合部分的位置，都不固定，當然形聲字的結構也沒有一定的準則，如逆字甲文有諸體，後來由於約定俗成及形符或聲符本身結構的因應，雖然逐漸有了較固定的結構，但是對於一些在結構上適應配合彈性較大的字作為義符與聲符時，仍舊難以掌握，因此往往有些字，形符和聲符的位置可以互易或變動。如吻又作曶，嗷又作嗸，概又作槩，崐又作崑。但是，並非每一形聲字的形符和聲符的位置都可以任意變動的，也有不少字變動了形與聲的位置，卻成了另一字。如說文心部怡下云：「龢也，从心台聲。」怠下云：「慢也，从心台聲。」口部含下云：「，嗛也，从口今聲。」吟下云：「，呻也，从口今聲。」這或許是為了別異的緣故而有的分野。

就形聲字的形符來說，大致可以分成二類：或在表示事物的類別，或在表示事物的意義。就前者來說，如以艸為形符的字，必定與艸有關；以木為形符的字，必定與木類有關。不過形符有時所能表示出來的，只是粗略的分類，如从犬、虫、豸為形符的字，往往可以將形符互相取代而不影響字義，故猿或作猨、蝯；貓或作猫。从虫與黽為形符的字，也可以互相取代，如鼅鼄或作蜘蛛，鼃或作蛙。因此我們可以意識到，當象形字成為形聲字的形符使用時，通常成為抽象表示類別歸屬的符號，顯現的意義往往與「畫成其物，隨體詰詘。」的原意有所出入。所以狻與猪雖不同類，都可以犬為形，在大共名上說，牠們都是動物。形聲字的形符有時也可以代表事物的意義，如說文水部汀字云：「汀，平也，从水丁聲。泙 汀或从平。」則玎字的形符正好說明字義。此外，凡是由象形加聲而衍成的以形爲主的形聲字，本來也應該卽形以示義，如曐字以晶从生聲，實則晶卽爲星之象形；⿰亣㞷从亣㞷聲，卽亣之篆文。然而由於文字同化作用的關係，這些兼義的形符，往往被併入意義或範圍較廣的相似形體中。如鳳與鷄加上凡聲與奚聲後，本以原始鳳鳥及鷄形的象形文作形符以示意，但是當他們與鳥形同化之後，就僅能於鳥的形符看出類別而不見其意了。

由形聲字的聲符來說，除了必定紀錄語言，具有表聲的功能以外，從王子韶右文說以下，認爲因聲以見義的學者甚多。其中尤以段玉裁提出「形聲多兼會意」學說（註四），以爲：

> 聲與義同原，故龤聲之偏旁多與字義相近，此會意形聲兩兼之字致多也。說文或偁其會意，略其形聲；或偁其形聲，略其會意；雖則渻文，實欲互見。不知此，則聲與義隔，又或如宋人字說，祇有會意，別無形聲，其失均誣矣。（註五）

更在說文中舉出了八十多個「凡從某聲皆有某義」的例子，於形聲字下逕注「此形聲兼會意」的，也有一百多個（註六），正式替聲符主義派打下了基礎，提出了由形聲字的聲符來探討語源與文字的關係的概念。後來王引之曾用這種方法解古籍，認爲：

> 夫訓詁之要在聲音不在文字，聲之相同相近者，義每不甚相遠。（註八）

黃季剛先生更將段氏的學說加以闡揚，以「文字之基在於語言，文字之始則爲指事象形，指事象形既爲語根，故意同之字往往音同。」故「凡形聲字之正例必兼會意」。（註九）我們當然不能否認，有不少的形聲字，它們的聲符卽兼有字義，然而我們也不可忽略的是：詞所表達的概念和詞的聲音，沒有必然的關係，而概念是人類對客觀事物和客觀現象體悟後所得的意念，詞之所以能夠表達概念，交流思想，往往出於人類彼此之間的約定俗成，而不一定有語源的關係，所以呻吟既不必有「閃電」的意念，也不必有「是時」的含意；同樣的咆哮更與「褭妊」和「子承老」的意思毫無瓜葛。此外，在形聲字中同形異字的情況，也所在多有。如說文刀部剫字下云：「剫，判也，从刀度聲。」攴部𢾾字下云：「𢾾，閉也，从攴度聲，𢾾或从刀。」又口部哲字下云：「哲，知也，从口折聲，悊或从心。」心部悊下云：「悊，敬也，从心折聲。」則形聲字聲符必兼義之說，未必盡然。戴師靜山說：

> 說文狠，犬鬬聲，从犬艮聲。很，不聽從也，一曰盭也，从彳艮聲。後世書很戾之字作狠，以其兇悍也，乃从犬，不期而與犬鬬聲之狠相複。此字形以時間關係而雷同者也。其有因地域之故而同形異字者，如說文渴，盡也，从水曷聲。而柳子厚袁家渴記云：「楚越之間方言，謂水反流者爲渴，音若衣褐之褐。」則以方言殊語，自造新字，而適與舊文相同。（註十）

這些變化，也都不是僅從形聲字的聲符中卽可推知。所以說，凡是聲符兼有意義的字，一定是由文字孳乳的緣故所衍成的卽聲卽義的形聲字，但是也有不少形聲字的聲符是無義可說的。

黃季剛先生已經指出：

> 凡形聲字無義可說者，除以聲命名之字外，有可以假借說之。

魯實先生更在假借遡原中把聲符無義的形聲字分爲四類：

一曰狀聲之字聲不示義。若玉聲曰玲瑲玎琤，鼓聲曰⿱隆鼓⿱鼓鼎鼞⿱鼓合，水聲曰㳻濞嚼滃，金聲曰鍠鎗鏓錚。……是皆因聲之名，凡其聲文，唯以肖聲，無取本義，是以陳仲子名鵝曰鶂，良以我兒音近，故相通作。此所謂狀聲之字，聲不示義也。

這些字都是半形半聲的形聲字。

二曰識音之字聲不示義。所謂識音之字，別其畦町，蓋有二類：其一附加聲文，其二名從異俗。所謂附加聲文者，考之重文，若珏之作瑴，㑒之作噞，同之作衕，𠬥之作攀，……蓋以古今音變，或以方俗語殊，求應語言，故爾䌛緟聲文，此識音之字聲不示義一也。所謂名從異俗者，胡越蠻夷地絕中夏，物產魁殊，語言倬詭，先民耳目所及，因亦隨事之名。其於獸也，若北野之馬曰騊駼，南越之犬曰獿㺜。其於魚也，若薉邪頭國之鮸魵，樂浪潘國之鱄鯜。……如此之流，必皆譯音制字，宜無義蘊可尋。

前者所指係象形加聲的，以形爲主的形聲字；後者則或爲半形半聲字，或爲由假借而加形的，以聲爲主的形聲字。

三曰方國之名，聲不示義。通檢殷虛卜辭，及殷周之際吉金款識，所記方國之名，其別有本義者，多增䌛文，構爲形聲之字，以見爲方之嫥名。綜理䌛文，筌緒部類，以示爲方域，則從山水土阜，或艸木茻林。以示爲行國，則從攴殳又𠬞，或行止彳辵。以示宜農桑，則從禾秝田糸。以示爲氏族，則從人女㫃戈。以示爲土箸邑居，則從厂广宀囗。凡此諸例，雖若殊鄉，亦有互通，或緐或省，聲義無異。

凡諸形文，旣相互可通，亦增損無定，要皆後世所附益，而以聲字爲本名。審其聲文，無不別有本義，用爲方國與姓氏，俱爲假借立名。所以然者，呂刑云：「禹平水土，主名山川。」左傳哀七年：「禹合諸侯于塗山，執玉帛者萬國。」尙書禹貢曰：「錫土姓」。斯可證山川方國與姓氏之名，多肇於虞夏之世，爾時榛莽初闢，文字非若後世之緐，則其主名山川與姓氏，必尠別造本字，而多假借爲偁。以其初文非爲方國而設。此所以後世增益形文，以構爲形聲字者，其聲文固無方國之義，故曰方國之名聲不示義也。

這一類方國之名的字，正是由假借而加形，初有聲無形的形聲字。

四曰假借之文。聲不示義。

美義爲甘，媄從美聲，以示女色之好，猶酣從甘聲以示飲酒之樂，其作嫵媚者，無眉乃美之借。坋從分聲，以示土之細分爲塵，猶米之細分爲粉，其作坌者，非乃分之借；亦若分別文曰斐，非亦分之借也。鈍從屯聲以示器之不利而礙難，其作錭者，周乃屯之借。……其聲文固有假借者矣。訓憯曰怛，旦乃刀之借，猶訓傷曰愴，倉爲刅之借，所以示其心如刅傷。詩云：「勞心忉忉」，爾雅釋訓曰：「忉忉憂也」，忉正怛之本字。詩又云：「勞心怛怛」，怛乃忉之雙音轉注字，是承忉義而孳乳也。……是皆徵之卜辭古器，及漢前載記，确乎可信形聲字之聲文有假借也。

形聲字的聲符，所以發生假借的現象，原因大致有三：一，有時是用一個同音字來取代：如示部祀字下云：「祀，祭無巳也，从示巳聲。禩，祀或从異。」由於此一取代，原來兼義的聲符因而義晦；此外，由假借而加形之形聲字的聲符也往往用同音字代換，故⿱彭示或作祊。二，有時爲了適應語言的變遷，當舊有的聲符不足以紀錄語言時，換入一個更能代表語言的聲符：如疒部療字下云：「𤻲，治也从疒樂聲，讀若勞。療，或从尞。」「尞」就是「樂」不能代表實際語言所更換的聲符。三：有時則是爲求字形的簡省：如玉部璿下云：「璿，美玉也，从玉睿聲。春秋傳曰：『璿弁玉纓』。琁，璿或从旋省。」省「睿」爲「疋」，達到了簡省筆劃的目的。這一類的字都是既有本字以後的後出轉注字。

## 第三節　形聲字的架構

朱宗萊文字學形義篇分析形聲字的架構說：

形聲字以一形一聲者爲最多。猶會意之以二字相合也。其他有一形二聲者，有二形一聲者，有二形二聲者，有三形一聲者，有四形一聲者。又有一形一聲者，而形尚未成字者；有二形一聲、三形一聲，而形亦有未成字者。其別至繁，要其所殊在量不在質，且其表音之體，無與於字義一也，故總爲純形聲。許君舉江河爲例，明形聲字以純形聲爲正也。外此復有表音之體，不獨取其聲，兼取其義者，謂之形聲兼會意。如侖，理也，而从侖聲之論、倫、淪、綸、輪諸字，皆有條理成文之義是也。蓋上古語言簡易，通名多而專名少，義苟相近，音亦相同，故即以一文兼資衆用，厥後孳乳例開，分別部類，則以通名之初文爲其聲，雖音仍同軌，而體各異致，此實後起之形聲字，蓋亦形聲之變例也。至如省體形聲字，有省形者：如橐从𣎆省石聲是，有省聲者：如哭从吅獄省聲是；有形與聲俱省者：如⿱北皮从北从皮省夐省聲是。此皆取便結體，非關字義，故不具論。

對於形聲字的組合，作了很清楚的分析，但是其中一形一聲而形尚未成字者仍爲半字，所以不能稱爲形聲字，但它們雖然只是象形字中的兼聲象形，不過從構造與來由上說，與形聲字中象形加聲而以形爲主的一類並無二致。而二形一聲、三形一聲而形有未成字者則是形聲字中的雜體字。又朱氏對省形、省聲及形聲皆省的字，不另立說，但這些字在形聲字中爲數也不少。

一形一聲的字是形聲中字最常見的，前二節所舉的例證，幾乎都是一形一聲，所以不再複舉。但是對二形一聲以上的形聲字，唐蘭有不同的看法：

關於三體或四體的諧聲，後人分析作二形一聲、三形一聲和二聲，共有三類，這實在是錯誤的。我認爲形聲字在造字時，只有一形一聲，（當然有聲母本身已是形聲字，）絕對沒有同時用兩個形和兩個聲的。這種被人分析作三體四體的字，有些是錯誤的，如「彘」字在古時是象意字，是一支箭（矢）貫在豕腹上，顯得這是野猪了。說文裡把它錯成从彑从二匕，矢聲，就成了所謂三形一聲了。形聲文字，不是一個時期造的，它是由於歷史的累積而成的。如「寶」字，說文裡是從宀、玉、貝、缶聲。金文裡有「⿱宀缶」字，是從宀缶聲，又有「⿱宀貝」和卜辭的「⿱宀⿱貝玉」字，都是象意字，因爲古代中國民族住在西方，是有玉的地方，後來到了東方，是有貝的地方，那時用玉和貝爲寶。所以盤庚上說：「具乃貝玉」，那麼，金文作「寚」字的是從宝缶聲，作「𡨚」的是從宲缶聲，作「寶」的是從宔缶聲，這是屬於由象意字變來的緟益字的一例。還有純粹是複體的形聲字，例如：「尃」從甫聲，「溥」從尃聲，「薄」從溥聲，「欂」從薄聲，我們決不能說「欂」字从木、艸、水、寸、甫聲。那麼「碧」字爲什麼不說從石珀聲，而要說從玉石白聲呢？因爲說文上漏列的字很多，所以常有這種牽強的解釋，例如：「汈」字從水刃聲，「梁」字從木汈聲，「粱」字從米汈聲，說文裡把「粱」字釋爲從木、從水、刅聲，就成爲二形一聲，「粱」字就是從粱省聲了，如果許叔重看見了陳公子甗借作稻粱用的「汈」字，就不用費這些心了。石鼓文有「□」字，可見「□」字本該是從非□聲，說文因爲漏了「□」字，就只好說「從非，朩次皆聲」了。一個字而諧兩個聲母，這眞是匪夷所思了。所以我們說形聲文字，只有一形一聲，凡所謂二形一聲，一形二聲的字，如其不是錯誤，就都是緟益字或複體形聲字。（註一一）

我們可以再用四形一聲的例子來印證唐氏的學說：如說文寸部尋字下云：「□，繹理也，从工从口从又寸，工口亂也，又寸分理之也，彡聲。此與𠬪同意，度人之兩臂爲尋，八尺也。」爲四形一聲之例，然唐氏云：

其釋字形至爲紆曲，蓋襲小篆之誤而然。今以古文字考之，則□象張兩手兩臂，爲尋之本字也，作□者，尋常之尋之本字；故後世有㝷字，作□者，萑席尋之本字，作□若□若□者，從口□聲，或从言，尋繹之尋之本字作□若□者，從彳□聲，殆有度廣之義，爲□之動詞。然則卜辭云：「□舟子河」及「□舟于㳄」者，尋舟猶用舟也。小爾雅廣詁云：「尋，用也。」或云：「辛丑卜貞𡆥氏羌王于門□」，或云「王于出□」義當同。或讀如撏。方言「撏，取也」，本片云：「□來于羔」，他辭云：「丙辰卜完貞□告隻于口」，「…沚戠□再…土方我受…」則疑當訓爲重。左傳哀十三年「若可尋也」，服虔注「尋之言重也」。（註一二）

則尋字仍爲二形一聲的字。

關於一形二聲及二形二聲的字，馬敘倫說：

許書形聲字一形而二聲者僅二見，竊從廿禼二聲，𧼋從次𠂔二聲也。然𧼋之或體作𪗉，而古書多借資爲𪗉。論語造「次」字，說文作「趑」，讀若資。以是相證，𧼋隊𧼋之字，蓋有三體，或從𧼋次聲，或從𧼋𠂔聲，或從𧼋齊聲，𧼋乃誤合𠂔𧼋𧼋爲一字耳。廿之爲古文疾，其說文又見童字下，然毛公鼎有童字作□，番生敦作□，中皆從□，毛公鼎又有𤾜字，其童字偏旁，略與許書籀文童字同。倫案周公敦臣字作□，𤰈鼎作□，甲文亦有作□者，甲文臣字多作□，然則毛公鼎、番生敦之童字皆作臣，非目字，毛公鼎𤾜字偏旁中□，亦臣之省，均非所謂古文疾字。且古文疾作□，籀文疾作□中有廿字，並無古文作廿者也，是竊之從廿，或亦臣字之變，惜金甲文中無竊字可證。然形聲字之無一字以二字爲之聲者可決也。（註一三）

指出形聲字有以二字爲聲符的，或出於後來的變化，或出於譌誤。魯實先先生說：

屠於卜辭彝銘作剢，乃從豕刀聲，以示殺豕之義（說詳殷栔新詮釋剢）。散盤作割，則既從刀聲，復從者聲，是爲形義不符，且亦不載於說文者。豨於卜辭彝銘作豖，乃從大豕聲，以示大豕之義（說詳殷栔新詮釋豖）。篆文作豨，則既從豕聲，復從希聲，大悖初恉，故許氏謬以豕走之義釋之。此所謂本字爲形聲，而後世遷化爲省形益聲之字也。（註一四）

如說文木部榦字下云：「[illegible]，築牆耑木也，从木倝聲。」段氏注：「榦、俗作幹。」也是由於倝的聲符到後世不夠明顯，而把形符「木」易爲「干」聲的省形益聲字。追溯其源，二聲字之始，仍爲一形一聲的字。

說文中所列的雜體形聲字，有出於字形流變的訛誤，有本來並不是形聲字的，也有特別在形聲字之上，另加上形，來作補充說明的。如說文禸部禽字下云：「[illegible]，走獸總名，从禸，象形，今聲。禽、离、兕頭相似。」徵之甲文有[illegible]、[illegible]諸形，金文作[illegible][illegible][illegible]等形。李孝定甲骨文字集釋說：

按[illegible]即[illegible]字，古文倒正無別，……[illegible]即[illegible]字增又，象手持之而義主於[illegible]，古文繁簡隨意，其次要偏旁每省略也。字从又，篆作[illegible]，變之則爲[illegible]，正小篆作[illegible]从[illegible]所自昉也。

羅振玉釋甲文的[illegible]、[illegible]、[illegible]、等字爲羅字，說：

古羅與離爲一字，離篆文从[illegible]，即[illegible]之變也。

可知離與禽所謂的从禸，都是文字上的訛變。徐灝段注箋云：

白虎通曰：「禽者何？鳥獸之總名也。」明爲人所禽制也，蓋田獵所獲通謂之禽，亦謂之獸，其後以毛蟲爲獸，因以羽蟲爲禽，久之遂各爲專名耳。

愚見以爲禽乃擒字之初文，雷俊說文外編卷十五引俗字廣韻二十一侵，有拺、捦、擒等字，以爲：

　說文手部無擒字，捦，急持衣裣也，从手金聲，或从禁作襟，然古書多通用禽。

惟古書以捦代禽，僅爲同音通假。孔穎達禮記曲禮正義云：

　禽者擒也，言鳥力小可擒捉而取之。

正合[glyph]字之義，則禽字是象形加聲的，以形爲主的形聲字。說文所云「禽、离、兕頭相似」，以凶爲獸頭之象形，蓋未有古文可徵，而對字形之誤解也。由甲文到金文的演變，可知禽僅爲从[glyph]今聲的字。

說文龍部龍字下云：「[glyph]，从肉，[glyph]象肉飛之形，童省聲。」然魯實先先生假借遡原曰：

　龍於卜辭作[glyph][glyph]，龍母尊作[glyph]，龍白戟作[glyph]，是皆象頭冠張口及身尾之形，篆文作[glyph]，則又兼象其脊鬐，上體之[glyph]猶鳳於卜辭作[glyph]、[glyph]，亦象其頭冠，文俱象形。

則龍字原本不爲形聲字。　金部金字下云：「[glyph]，五色金也，⋯从土，左右注，象金在土中形，今聲。」

魯實先氏原金曰：

　考之載籍，黃金之產，或含在礦石，或散於河沙。墨子耕柱篇云：「昔者夏后開使蜚廉采金於山川」，關尹子六七篇云：「破礦得金，淘沙得金。」固晐二類言之矣。其產於河沙者，率爲瓴粒，大者如瓜子，世名瓜子金，薄者如麩片，世名麩皮金，唐李賀詩所謂「赤金瓜子兼雜麩」是也。以沙金爲瓴屑，故篆文金字於土之左右分注兩點以象其形而作[glyph]。

可謂爲正宗的雜體形聲字。

朱氏所謂形聲兼會意的字，即指由文字的孳乳而加形之即聲即義的形聲字，實與會意兼形聲的字別無二致，前文論之其詳，故不再贅言。

形聲字的省形字，它的結構和省體會意字相仿，大都是爲了適應方塊字筆劃結構的平衡而省略，如㝱部的形聲字有寐、寤、𡪢、䆿等字，都是將㝱字中的夢或夕省略，換入未、吾、女、米的聲符，老部、履部的形聲字中，都可看到類似的省略。不過也有少部分的省形字是將重覆的部分省略，如晶部星字下云：「曐，萬物之精上爲列星，从晶生聲。一曰象形，从〇，古〇復注中，故與日同，𠀘 古文星，星或省。」本爲象形加聲的字，而省形符的晶爲日，只是爲了書寫的方便。又曟之或省爲晨，也是同樣的原因。

關於省聲字，王筠以爲：

指事，象形、會意字可省，形聲字不可省。形聲字而省也，其例有四：一則聲兼意也，一則所省之字即與本篆通借也，一則有古籀文之不省者可證也，一則所省之所，即以所從之字貿處其所也。非然者，則傳寫者不知古音而私改者也。亦有非後人私改者，則古義失傳，許君從爲之辭也。（註一五）

龍宇純對王氏之說析之甚詳（註一六），王氏省聲字之四例，並不能作爲客觀具體之標準。細分說文的省聲字，可析爲兩大類：一類是原來有不省的寫法，因爲簡化或者筆劃結構的平衡而省略的，如鬲部融字下云：「[篆文]，炊气上出也，从鬲蟲省聲，[篆文]，籀文融不省。」言部讋字下云：「[篆文]，失气言，一曰不止也，从言龖省聲。傅毅讀若慴。[篆文]，籀文讋不省。」這種省聲法，是把繁複的聲符加以簡化。鹿部麇字下云：「[篆文]，麞也，从鹿囷省聲，[篆文]，籀文不省。」而詩周南有「野有死麕」。疒部疫字下云：「[篆文]，民皆疾也，从疒役省聲。」集韻有「⿸疒役」字，云同疫。以上所舉的字都爲了求文字的簡化而省略了聲符的一半或一部分。　孔廣居論省體諧聲云：

文字相生，有母有子，衆子自當同乳一母。如熒爲屋下燈光，从冂从炏會意。營、榮、瑩等字，皆从熒省聲，是熒爲母，而營、榮、瑩爲子也。乃勞又營省聲，犖又瑩省聲，縈與鶯又榮省聲，夫勞犖縈鶯，不以熒爲母，而以熒字所生之營瑩榮爲母，不父其父而禰其罤弟，有是理乎。

徐灝說文解字注箋云：

凡从𤇾聲之字，皆當爲熒省聲。

如是則營、禜、瑩、謍、䁝、鶯、榮等字皆當從熒省聲，而省的原因在求文字筆劃結構的平衡，也就是王筠所謂「所省之所，卽以所從之字貿處其所」的字。

但是還有一類，說文所謂的省聲字或本身原是個不標音的字，或出於字形的誤解，而被錯認爲省聲字的，段玉裁在哭字下注，指出：

按許書言省聲多有可疑者，取一偏旁，不載全字，指爲某字之省，若家之爲豭省，哭之从獄省，皆不可信。

又如說文皮部皮下云：「，剝取獸革者謂之皮，从又，爲省聲。」徵之甲文有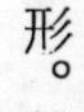形。林義光文源曰：

，象獸頭尾之形，コ象其皮，又象手剝取之。

魯實先假借遡原云：

皮於彝銘作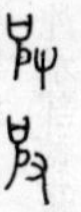，乃從又從革省，以示剝取獸皮之義。

皮，或析爲象形，或析爲會意，但都明確的指出皮非省聲字，它本身是個不標音的字。　又口部嘆字下云：「，呑歎也，从口歎省聲。一曰太息也。」徐灝說文解字注箋曰：

灝案說文嘆字从歎省聲，歎从鷬省聲，乃後人不知古音而展轉增竄。據鷬从堇聲，則嘆亦皆堇聲無疑矣。

他又在難字下云：

堇聲古音在眞部，難漢熯歎等字竝从堇聲而轉入元部。今云漢从難省而熯从漢省，又歎从鷬省，紛然錯出，皆鼎臣改之也。

孔廣居論省體諧聲曰：

兩字同音，同諧一字，自應俱注某聲，乃於此注曰某聲，而于彼則曰省某聲，…若是者，皆不必省，而許氏強以爲省，何許氏之不憚煩耶？

如是則歎嘆鷬熯漢等字都是從堇得聲的一形一聲字，不可以省聲字解之。

在篆隸之變以後，由於對文字初形結構的破壞，有許多形聲字，我們在隸書以及後來的楷書裡，已經找不到形符和聲符的劃分。如說文攴部更下曰：「，改也，从攴、丙聲。」徵之鐘鼎，曶鼎作，輔白敦作，皆從重丙，吳天發神讖碑作，到了楷書寫作「更」，已不明其形聲之所由。土部在字下云：「，存也。从土才聲。」徵之鐘鼎，盂鼎作，漢祀三夸公山碑已變作，楷書作「在」，形存而聲晦。所以我們探討文字，以小篆作入手處，就避免了這些困擾。

註一：見蔣伯潛文字學纂要本論二第三章
註二：由龍宇純中國文字學第二章第三、四節摘錄
註三：說文云：「國，邦也，……从口从或。」則國當屬會意，然小徐本及王筠說文句讀皆以爲「从口或聲」，故仍應爲外形內聲之例。又賈公彥所擧外聲內形之四例：闕闠仍爲外形內聲，衜从金行會意，僅衡字从魚行聲爲外聲內形，故王筠更以聞問閽閩四字爲例，唐蘭亦以聞問爲例，補正了賈氏的缺失。
註四：說文解字注牛部犨字下注云：「凡形聲多兼會意犨从言，故牛息聲之字从之。」
註五：見說文解字注示部禎篆下段注
註六：據黃永武形聲多兼會意考的分析整理
註七：說文解字注司部詞篆下注：「有義而後有聲，有聲而後有形，造字之本也。形在而聲在焉，形聲在而義在焉，六藝之學也。」
註八：見經義述聞卷二十三
註九：見「黃先生季剛研究說文條例」條例三、四。

註一〇：見戴氏梅園論學集同形異字一文
註一一：見唐蘭中國文字學文字的構成十七形聲文字
註一二：見唐蘭天壤閣甲骨文存考釋
註一三：見馬敍倫說文研究「說文形聲字一字二聲」節
註一四：見魯實先叚借遡原
註一五：見王筠說文釋例卷三省聲條下
註一六：見龍宇純中國文字學

# 第八章　轉注通釋

## 第一節　釋　名

轉注、假借二書，在六書中爭論最多，於本文第三章「六書總論」中，已經對造字與用字的爭議作了辨析。或謂「轉注是音近、義同、形異諸字之間的轉相注釋。它的功用，在溝通因時間、空間不同，致所造形體不同的文字。」因以爲「轉注是溝通文字的重複」，於是視轉注僅係用字之法。此說固有其貢獻，在於由一字之本形、本音、本義無法探諸轉注之餘，使之有安身立命之所，然恐未必能由之說明文字結構與衍化之本然。夫文字之基本功能在記誌語言，語言往往因時空導致古今南北有異，造字者亦非一人、一時、一地，是故「同一語根，同一意義，由於時間、地域之不同，而造出不同形體的文字」之現象自不必諱言。L. C. Hopkins 在「中國古文字裏所見的人形」（註一）一文中，曾找出七十六個人形之異體。吾人就說文部首字略加檢索，仍可察覺一些痕跡。如人部：

〜　天地之性最貴者也。（八篇上）

又儿部：

儿　古文奇字人也，象形。孔子曰：人在下，故詰詘。（八篇下）

就形言之，兩形各異。然戴侗曰：「人儿非二字，特因所合而稍變其勢：合於左者，若伯若仲，則不變其本文而爲亻；合於下者，若兒若見，則微變其本文而爲儿。分而爲二者，誤也。」徵之甲文，人字有亻儿卩㔾等諸體。羅振玉云：「卩亦人字，象跽形，命令等字从之。」甲文之卩字即說文儿字之初形，由於演化過程中發生訛變，將人手與身體分離，乍看不知其所從由，故許氏稱之爲「古文奇字」。文字既爲公器，通行既久，必須整齊統一，故造字之時其體雖繁，降及後世，除少數字因某些特殊原因而保存異體外，大多皆能定於一尊。人儿既爲一字之異體，而說文倂存不廢，且皆列爲部首，無非在於因應方塊字行款結構之體勢而然。王筠釋例曰：「人部中字，偏旁在左者多，在上在右者少，在下者敚㚇兩字而已。儿部中字，無不在下也。其後從儿之十二部，無不在下也。」就字形之本貌言之，說文中尚有卩大亣諸部，亦當由人形之異體蛻變而來。

燕部曰：

燕　玄鳥也，算口布肢枝尾，象形。（十一篇下）

又乙部云：

乙　玄鳥也，齊魯謂之乙，取其鳴自謼，象形也。凡乙之屬皆从乙，鳦 乙或从鳥。（十二篇上）

徵之甲文，燕有𤊁𤉲等形，正象其形。馬敍倫曰：「按乚爲燕之異文，燕爲正視而近之形，乚爲遠而側視之形。燕爲初文，乚則近於寫意畫矣，或象形使然也。」（註二）今雖已劃一。以「燕」誌玄鳥之意，然孔、乳等字皆從「乚」字而來，故「乚」字仍得並存爲部首也。然此等非一人、一時、一地所造之「人」與「儿」，「燕」與「乚」，皆不得視爲轉注，蓋轉注另有其衍化之跡。

陳蘭甫明言：「蓋六書者，字之體；訓詁者，字之用。」以互訓之例言之：「人，儿也。」「儿，人也。」「燕，乚也。」「乚，燕也。」正爲訓詁學中互訓之一環，係經由後人透過說釋故言字義之法以溝通之。與爾雅釋詁於初、哉、首、基等字皆謂之始同例。然而人與儿、燕與乚却不必有彼此相因相生之關聯，孰者造字在先，何者造字較後，亦無從考究，與轉注之例不合。乚字下別有重文作鳦，細究鳦字之衍成，在於既有之乚字與乚、乚、乁諸字形近易混，乃於乚字上另加鳥形以明其義。就字之本形、本音、本義以論之，乚爲象形，鳦屬形聲。然則由乚而造鳦，前者本字，後者則係透過轉注之法所產生之新字，類似老考之例，惟乚鳦加形，老考加聲，爲不同耳。由是觀之，轉注一書爲文字結構衍化中重要過程之一，不僅溝通同義異形之字而已，其間之分野甚明。

現在就此一書個別的情況再作說明。章太炎先生國故論衡說：「以文字代語言，各循其聲，方語有殊，名義一也。其音或雙聲相轉，疊韻相迆，則爲更制一字，此所謂轉注也。」

戴師靜山以爲：

我們知道古時字少（同一字的寫法，當比現在多），從歷代字書的字數比較，卽可確定。意義相近的字，往往只用一個字根。舉例來說：如生長之字寫作生，而姓氏之姓本未造，因其與生有關係，故只用生。性情之性本也沒有，也因和生有關係，也只寫作生。換句話說，就是生長、姓氏、性情三個意思，都只用一個生字。後來要使它們有分別，於是姓氏之字加女成姓，性情之字加心成性，也就是由生字孳乳出姓性等字（關於生字這樣用法，在鐘鼎文和古書裡都可找到證據。）此外拿鐘鼎文用字說：用䜌為變，用昜為揚，用乎為呼，用成為盛，用責為績，用內為納。用古為故，都可證明古時字少，往往只用聲母，而加偏旁的孳乳字是後造的，因此說文裡同从一聲之字，往往有相同之意。如冓訓交積材，以冓得聲之字：構訓蓋，遘訓遇，覯訓遇見，媾訓重婚，購訓以財有所求，溝訓水瀆（釋名：溝，搆也。縱横相交搆也。）這些字都含有冓字之意。這種例在說文裡是極多的，可以說都是轉注。並且不一定是一群右聲字，即使是單個的，如類字禮字等，所从之聲母兼義的，也有二三百個，也都是轉注字。（註三）

又說：

古時字少，一字多兼數用，後乃按其事類，分造專字，以規定其意義，而免紛淆。其製法雖同乎形聲，其意義則另有授受，則轉注一書，為文字孳生之大法，斷不可屈為形聲之附庸也。（註四）

許敍以：「建類一首，同意相受，老老是也。」來總釋轉注。蔣伯潛說：

這八個字裡，含有三個條件：一是「建類」，二是「一首」，三是「同意相受」。「轉」是「轉輪」之轉，「注」是「灌注」之注。把某一個字底形、音、義灌注到另一個新造的字裡去，叫做

「轉注」。例如把「老」字轉注爲「考」字，必合「老」、「考」二字，而後它們底關係方看得出；倘若一個個地拆開了看，則「老」字從人、毛、匕合成，是會意字；「考」字從老省丂聲，是形聲字。「轉注」底意思，便顯不出來。……許愼所下的轉注定義，本很明白，而後人對之，異說極多，現在把它所含的三個條件，分釋如下：

㈠建類——建類之類，和會意底「比類」之類同，是指事物之類：指事的，如辵爲行走，攴爲打擊；指物的，如人、鳥、木、石各爲一類。建類，是建立物或事底類，以爲轉注字之體。所建之類，不指所取以表形義的字，故一方面，轉注字不限在說文解字同部底字，一方面說文解字中同部底字，也並不都是互爲轉注的。……不過所建之類，雖不限取同一字以表形義，轉注之字，雖不限於同隸一部首之字，但所建之類，必須互有關係的才行，（如訊和問二字轉注，言和口是有關係的。）新造的字底類，必須和轉注的字有關係的才行。……建類是轉注字關於「形」方面的條件，不可忽略。

㈡一首——一首底首，是轉注字底「聲母」……和「韻母」……。一首是說轉注字二字底音，必須是同聲母，或同韻母，或聲韻不同屬一母而有密切通轉的關係的。……一首是轉注字關於「音」方面的條件，也是不可忽略的。

㈢同意相受——僅僅是所建之類相同或有關係，不能就說它們爲轉注，故凡在說文解字中同部的字，或在各部而同類的字，……不都是轉注字。僅僅再加上「一首」底條件，亦還不能就說它們互爲轉注，故在各部而同類的字，或竟在同部的字，卽使它們的音，確含上文所說「一首」底條件，也未必都是轉注字。因爲還有一個條件，必須「同意」，同意者，意義完全相同，不得有絲毫差別，如老卽是考，盌卽是盂，盄卽是銚，逆卽是迎，通卽是達，綷卽是緭，必須和原有的字完全同意，方能把它運轉過來，灌注到新造的字裡去，使它相受。——所以同義相受是轉注字關於「義」方面的條件，限制更嚴，更加不可忽略的。（註五）

轉注的三個條件，必須同時俱備，缺一不可，由轉注的方法所產生的新字與其本字之間，在字形上必「形取同類而義通」，在字音上，「聲必同原而音近」；在字義上，彼此挹注，雖然另造新字，所紀錄的仍是原先的意義。簡言之，在形通、音聲、義同的條件下，由本字所衍成的新字，才能稱作轉注字。

## 第二節　轉注的成因

既然文字已有其本字，爲什麼還要用轉注的辦法再由本字去造新字呢？魯實先先生說：「夫文字必須轉注，厥有二耑，其一爲應語言變遷，其二爲避免形義殽混者，或增易形文，或增易聲文。」（註六）

### 一、適應語言變遷

就適應語言變遷方面，馬敍倫說：

然則古人或求轉注字於形事意聲四書之外，宜其不可得。而戴震所由以轉注爲文字之用也。然則何以必須有轉注之一類耶？蓋轉注字之發生，由於土地廣大，語言複雜，同一事物，甲地呼某，乙地呼某，丙地又呼某，揚雄之方言，卽所以明各方之異語，特其中所記，有爲轉注之字，有爲同聲假借之字，不能視爲專記轉注之書耳。然如所記：盂，宋衞之間或謂之盌；儋，齊楚陳宋之間曰攍。則盌爲盂之轉注字，攍爲儋之轉注字。皆合於此文所記八字之條也。抑轉注時之產生，不獨因於空間之故，亦必有時間之故。古謂之某，今謂之某，則今不妨造一轉注之字。……夫一事一物而因時空之關係，其原有之名之聲之部分，遂有轉變，爲適應其需要，而用原有之名，改變其聲之部分，各因其時代或其方土之音，爲之別造一字，此字之所以日多也，特其義不變，故一義而有數字。（註七）

如說文鳥部鶂下云：「，鶂鳥也，从鳥兒聲。春秋傳曰：『六鶂退飛』，，鶂或从鬲，，司馬相如鶂从赤。」段注云：「今字多作鷁。」又云：「兒聲、鬲聲、益聲皆十六部也。」則鶂、鷊、鷁三形僅不過是形聲字，聲符上用同音字的代換，但司馬相如說作鶃，段氏以爲赤聲古音在五部，凡將篇如此作。朱宗萊說：「此類字所从之聲大率與正篆不同韻部，當由後世音讀漸與古異，因改易其聲也。」（註八）又說文木部櫱下云：「，伐木餘也，從木獻聲。商書曰：若顚木之有甹櫱。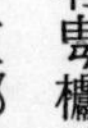，櫱或从木辥聲。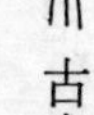 古文櫱，从木無頭。，亦古文櫱。」方言云：「烈、枿，餘也。陳鄭之間曰枿，晉衞之間曰烈，秦晉之間曰肄。」亦可證明櫱字由於在時間及空間上語音屢有變化，故因聲符適應語言的變化而有了不少異體。宋丁度集韻說：「吳人呼父曰爸。」無非是由輕重脣的劃分出現以後，父字讀

作輕唇音，要適應吳語系統的重唇音，不得不於父字下另注上巴的聲符作「爸」。

## 二、避免形義相混

### ㈠形混

就避免形義相殽混方面，魯實先先生舉例說：

若臾爲蕢之古文（說文艸部），形似古文之寅，故自臾而孳乳爲蕢。凵爲笑之古文（說文凵部），形似張口之凵，故自凵而孳乳爲笑。鞈爲鼛之古文（說文鼓部），與防汗之鞈同，故自鞈孳乳爲鼛。恁爲飪之古文（說文食部），與下齎之恁同，故自恁孳乳爲飪。𠃋爲厷之古文（說文又部）乚爲鳦之古文（說文乚部），其形並似鉤識之乚，亦似魚目骨之乙（乙爲魚目骨，見禮記內則），故自乚孳乳爲厷，自乙孳乳爲鳦。其若鹿鳴之㰻或作呦（說文口部），以別於愁皃之㰻（說文欠部）。遠界之冂古文作同（說文冂部），以別於訓覆之冖（說文冖部）。艸木妄生之㞷，古文作𡊄（說文㞷部），以別於古文之封（說文土部）。捕鳥覆車之輟或作罬（說文网部），以別於車缺復合之輟（說文車部）。蟲名之蝥或作𧕚（說文蟲部），以別於盤蝥之蝥（說文虫部）。絫土爲牆之厽孳乳爲垒（說文厽部），以別於古文之壘（畾爲壘之初文，卜辭作ꝏ，其形與厽相近。）是皆增易形文，以避字形相混者也。𦥑爲齒之古文，形似舂米之臼（說文齒部、臼部），故篆文從止聲作齒。鐘鼓之鼓形似擊鼓之鼓（說文鼓部支部），故籀文從古聲作𡔷。小流之𡿨形似訓流之乀（說文𡿨部乀部），故篆文從犬聲作畎。訓稷之齋或作粢，以別於穫刈之穧（說文禾部）。

浮水之汓或作泅，以別於古文之沒（說文水部）。訓順之孌篆文作嫡，以別於訓慕之孌（說文女部）。城垣之𩫖篆文作墉（說文土部），以別於民所度居之𩫖（說文𩫖部）。是皆增易聲文，以避字形相掍者也。考之彝銘，畐酉形近，或難審知，是葍富轉注，而從富聲作富者，所以示別於縮酒之莤也（莤見說文酉部）。福於鼒者鼎從北聲作□（三代四卷二葉），於周乎卣則增北聲作□（三代十三卷四十葉），乃以示異於燎祭之禋也（禋爲槱之或體，見說文木部）。可徵增易聲文，以免字形錯亂，其來尚矣。（註九）

以增易形文的轉注字來說，魯氏所舉之例，皆以說文重文爲說，相當於王筠所說的累增字。累增字由來甚早，如甲文中步作□，或从行作□；它作□，或加止作□。□、□就是□、□的累增字。

㈡義混

累增字不見於說文的也很多。戴師靜山說：

如說文的猒，从甘从肰，訓飽也。應該就是饜足之饜，而後世又加食於猒字上，累增成饜。匈訓膺，从勹凶聲，卽是胸腔之胸，而後世又加肉成胷（或體肾已從肉）。奉訓承，从手从□，丰聲，廣雅釋詁又訓進，訓持。後世更加手，累增成捧。主訓鐙中火主，从□象形，从丶後世加火累增成炷。蜀訓葵中蠶也，从虫，上目象蜀頭形，中象其身蜎蜎，後世又加虫累增成蠋。莫訓日且冥也，从日在茻中，後世又加日累增成暮。鉏訓立薅所用也。卽是鋤頭的鋤，从金且聲，後世加力从助聲成鋤。賈訓市也，从貝襾聲，後世加人累增成價。胃訓穀府也，就是腸胃的胃，从肉，図象形，後世又加月累增成謂。須訓面毛，从頁从彡，後世加髟累增成鬚。康訓穀皮也，从米庚聲，後世又加米累增糠（小篆作糠，已增禾）。梁訓水橋也，从木加水，刅聲，後世又加木累增成樑。這些累增所成的字，都在說文以後，不見於說文，正是歷代不斷在累增。現代人常把念書的念，加口成唸；嘗試的嘗，也加口成嚐，水果的果，加艸成菓；枕席的席，加艸成蓆；大豆的豆，也加艸成荳。這都是所謂俗字，正是以證明它們是寫著寫著長出來的。和簡體字雖相反，可都是自然的趨勢。這種造字方法，也就是六書中的轉注。轉注依嚴格說，應是王氏所謂分別文。而分別也是从一字累增，可是增成了不同的字。如生加女成姓，加心成性，雖起初同用一生，而加了偏旁之後，和原來生字意義已異，這就是分別文。而加了偏旁，和本字仍是一個字，那就是累增字。如云與雲是一個字，果與菓也是一個字，但在用的時候，云謂的云，不能寫成雲，果敢的果，不能寫成菓。所以累增字仍帶分別文的意味，我們把它們合併起來看亦可，統統可算是轉注。（註一〇）

分析戴師所舉出的後起分別文或累增字的轉注字，還可以發現約可分為五類：一、段玉裁云：「按飽足則人意倦矣，故引申為猒倦、猒憎。釋詁曰：「豫射厭也」是也。豫字古以為舒字、安字，亦緩也。洪範：「曰豫曰急」，豫猶怠也。猒厭古今字，厭饜正俗字。」說文厂部有厭字訓作笮也，則以厭代猒當係假借，故後世另有饜字取代厭的本義，而猒、厭之字又為猒倦的引申義所專，如論語：「天厭之」之厭，後世只得再加上食的形符來表明飽足的本義，這是因本字為引申義所專，不得不再去加形而成的累增字。二、奉字爲「奉命」、「貢奉」等引申義所專，不得不再加手作捧來表明承受的本義。主爲「主使」、「主體」的引申義所專，不得不再加火作炷來表明燈中火主的本義。「凡買、凡賣皆曰市，買者凡買賣之稱也。……引申之，凡賣者之所得，買者之所出皆曰賈，俗又別其字作價，別其音入禡韻，古無是也。」（註一二）則價字是爲表明賈的引申義而加上人的偏旁，是爲引申義所造的專字，應該是分別文而不是累增字。念的本義是常思，而唸則是表明吟唸的引申義加口形另造的專字，這些字累增新造的原因，都和引申有關。**三**、匈字後世爲「匈匈喧擾」及「匈奴」的假借義所專，不得不加上肉作胸來表示胸腔的本義。蜀爲「巴蜀」及「蜀黍」的假借義所專，不得不加虫累增作蠋，以示「葵中蠶」的本義。莫爲「勿」之假借義所專，因而加日累增爲「暮」來代表「日且冥」的本義。須爲「必須」的假借義所專，只得另造加髟的鬚字來表示「面毛」的本義。康爲「安康」、「康樂」的假借義所專，不得不另加米作糠示穀皮之義。梁爲「梁國」之假借義所專，另加木作樑以示「水橋」的本義。果爲「果敢」「果決」的假借義所專，不得不另加艸作菓，來表明水菓的本義。這些後起的累增轉注字都和假借有關。**四**、其他如胃之作⿰月胃，席之作蓆，豆之作荳（豆字作茮豆用是假借），則是爲了要明示字義的特色而加上了偏旁，這些偏旁實在是可有可無的。**五**、而鉏累增作鋤，則是爲適應語言的變遷而以新的適切聲符代換原來的聲符。

這樣說來，引申和假借都是產生轉注字重要的原因之一。究其原因，不外乎在於文字包含了太多的引申或假借義以後，在辨識上往往會有所混淆，爲了避免這種困擾，於本字之上另加表示辨義作用的形符，產生一個新的轉注字，或表示其本義、或表示特定的轉注、假借義。所以說，這種爲避免意義相混而加形的轉注字，並不侷限於重文及累增字之中，凡是因語言孳生而加形的卽聲卽義的形聲字——也就是會意兼聲字——都可以說是加上了辨義的形符，而與原來的本字——聲符——中間某一特定的引申義相轉注的轉注字。它們的作用，相當於王筠所說的分別文。而形聲字中因文字的假借而加形的初有聲無形一類，則是加上了辨義的形符而與原來的假借字——聲符中特定的假借義相轉注的轉注字。

㈢聲化

縱論轉注之成因，聲化也是非常重要的因素之一。陳夢家說：

我們認爲象形、假借、形聲並不是三種預設的造字法則，只是文字發展的三個過程。漢字從象形開始，在發展與應用的過程中變作了音符，是爲假借字；再向前發展而有象形與假借之增加形符與音符的過程，是爲形聲字。形聲是漢字發展的自然的結果，並不是預設的造字方法。形符與音符的後加，爲了要使象形與假借字的意義更加確定與顯明。在甲骨文中，有以下的不同方式的增加形與音。⑴加聲於形，雚是鳳的象形，引申爲風，加音符「凡」爲飌。⑵加形於聲，「羽」是羽毛的象形，假借爲明日之「昱」，加形符「日」爲𣅳。（仍作昱用）。⑶加聲於聲，「羽」假借爲「昱」，加音符「立」爲翊（仍作昱用）。⑷加形於形，「启」是以手開戶的象形，引申爲天晴之「启」，加形符「日」爲晵。這些都是說文序所說的「字」，以別於「依類象形故謂之文」的「文」。除此以外，還有⑸加「指標」的，如「又」下加二短横爲「叉」（祐），夕（象月亮形）加一點爲「月」（有時以無有一點者爲月）。⑹「百」是「一白」的合文，「千」是「一人」

（讀若千）的合文。以上的現象皆見於卜辭。（註一二）

陳氏所析的「加形於聲」與「加形於形」，當係指由假借而加形及由引申而加形的轉注字而言。而陳氏所謂的「加聲於形」與「加聲於聲」，則相當於魯氏所說的「增易聲文」來避免形義混淆的轉注字。在形聲字中，由象形加聲而成的初有形無聲的形聲字，都可以說是增易聲文以避免形義相混的轉注字。在現有的文字中，已有本字而另外再加上聲符所產生的轉注字很多，它們衍成的原因，也不僅限於龍宇純氏所說的「形不顯著，或不易書寫，或不易與他字分辨，於是加一聲符」的情況。由於「文字者，語言之符號，故文字之聲音，非造字者所得自定之也，必本於語言固有之聲音，其由於必有依憑，亦非一二人率爾所作也。吾國文字，若象形、指事、會意者，聲音皆不具於文字之中。」（註一三）文字既是語言的紀錄，要達到這種功能，必須要能明確的讀出文字的聲音來，但是早期的文字都僅在形與義的兩方面拓展、孳乳，而象形、指事和會意字，固然能很清楚的從形與義上表達出文字所紀錄的寓義，但是它們都是「無聲字」（註一四），沒有辦法同時再紀錄下來語言的聲音，始終是件遺憾的事，於是先民們由語言的孳乳及假借，體會出聲符的妙用之後，很自然的也利用聲符來彌補無聲字無語言讀音的缺陷，所以無聲字常常會有後世的聲化轉注字出現。如說文羴部羴字下云：「羴，羊臭也，从三羊，……羶，羴或從亶。」羶字有了亶的聲符，明確的注出語言的讀音，自然而然的，逐漸取代了羴字的地位，這是以會意字再去加聲的。馬部馽字下云：「馽，絆馬足也，从馬〇其足。春秋傳曰：『韓厥執馽前。』讀若輒。縶，馽或从糸執聲。」縶字的產生，也不外乎紀錄語言，這是以指事字再去加聲的轉注字。

而朩字有梓、槸、蘖數體，也都是因聲化作用而產生的轉注字。网部网下云：「网，庖犧氏所結繩㠯田㠯漁也。从冂，下象网交文。……罔网或加亡，䋄或从糸，𠔿古文网，罓籒文从冂。」戴師曰：「网字當是最古的，因甲骨文亦象網形作网。可見正篆雖爲小篆，只是在筆姿上屬小篆，而在結構上，仍是从最古的網字沿傳下來，籒文多畫了一根繩，也是最古的，古文作冈，把網形簡化了，累增了一個亡字作音符，它應和或體罔，由网累積亾聲，是同輩兄弟。最後當然是另一或體䋄，它又加了一個糸字作義符。」（註一五）這些都是以象形字再加聲以紀錄語言所產生的轉注字。事實上，即使本身原已有聲符的形聲字，當語言的讀音因時空的變遷而與既有的聲符有了出入時，也常發現用一個更適切語言的聲符去代換的情況，如魚部鱷下云：「鱷，海大魚也，从魚畺聲。春秋傳曰：『取其鱷鯢』。鯨鱷或从京。」而其字今日正作鯨。可以說鯨是爲了適應語言的變遷而出現的轉注字。

## 第三節　轉注與形聲的分野

由以上的分析，我們可以了解到，不論轉注字的本字是象形、指事、會意或形聲，當它們或以適應語言的變遷，或以避免意義的相混而加形以明本義、引申義、假借義，或爲辨形而加形累增，或爲避免形義相混，而明示其讀音而加聲，或爲替無聲字加聲符以聲化紀錄語言，所產生出來的都是形聲字。戴師靜山云：

嘗細審之，轉注之字實形聲字之一部，而其性質不與形聲同，且其部屬又至廣，故爲另闢一域，

不作形聲之附庸，於此可見文字孳生之途徑焉。（註一六）

他又以爲：

凡是形聲字，聲母不兼義的是形聲，兼義的便是轉注。（註一七）

龍宇純中國文字學則再進一步認爲：

轉注與形聲最近，然形聲字以聲注形，此則反轉其道，以形注聲，故謂之轉注。

更將轉注字的範圍擴大了許多，但是龍氏以象形加聲一類屬形聲，而提出：

形聲字在取形符聲符造字之前，其字根本無有；轉注字則在其注釋形符之前，固已由其聲符通行兼代。不過轉注加形符於聲符之上，使成專字而已。故轉注一名，轉字有兩層意義，一則對形聲之以聲注形言，一則取其形符轉而加諸聲符之上言，故形聲轉注之名，似相對而實不可易者。

然而象形加聲的一類形聲字，除了爲區別同類異形的物而以聲配形所造的字以外，其餘的事實上可說在注釋聲符之前，已由形符通行；由聲化作用而產生的新轉注字，原先也只有它的形符而已。爲適應語言的變遷而加上聲符，或改換聲符的轉注字，在未加或未變聲符以前，也有原始的無聲字或形聲字的字形存在。它們都和取形符聲符而造出的半形半聲的形聲字不同。江聲六書說云：

轉注則由是而轉焉，注如挹彼注茲之注。

雖然江氏僅以說文部首的「凡某之屬皆从某」爲轉注，未能得窺轉注堂奧，但是就許愼「建類一首，同意相受」的界說來看，「由是而轉」，「挹彼注茲」，正是最簡明的闡釋。既然說「同意相受」，一定是指兩個，甚至兩個以上的字在意義上的傳遞，而這個爲種種原因不得不取代本字而衍生的轉注字，必定是以本字爲基礎而從「形通」、「音近」、「義同」的三個基本要件上孳生出來的。是以馬敍倫說：

轉注字者，必以乙字對甲字而後明，徒以甲字言，則見其爲象形、爲指事、爲會意、爲形聲，而不知何以爲轉注也。……徒以乙字言，則見其爲形聲，而亦不知其何以轉注。

愚見以爲：凡形聲字中有本字可稽其孳乳、變易之迹者爲轉注，無本字可稽，專爲紀錄語言，取形符與聲符合成的字則爲形聲。這樣看來，象形加聲的字和聲化而來的字都有本字可稽，當然也可以包容在轉注的範疇中了。而爲適應語言變遷而加上聲符或改換聲符的字，也是由其初形衍化而來，也不可把它們摒諸於轉注門外的。馬敍倫說：

就許書言之，形聲字旣居全部文字中十之九有奇，而形聲字中可別爲二類：一爲某字之轉注字，其本字蓋爲象形、指事、會意之文，後以依時空之關係，而別造形聲之字，後復以時空關係，本字爲形聲者，亦得造爲轉注字。……其又一類，則自此類之字外，所有形聲字莫不屬之。（註一八）

我們不妨說，轉注字可依其時代分作前後三期：前期的轉注字，或避免意義相混而加形以明本義、引申義、假借義，或爲辨形而加形累增，它們都早在形聲字發生以前，卽以相孳相生。中期的轉注字，或將無聲字聲化，加聲符以紀錄語言，或爲避免形義相混，明示其讀音而加聲，可說是和形聲字同時發生。後期的轉注字，或爲適應語言的變遷而在無聲字上加註變遷以後的讀音，或爲適應語言的變遷而將形聲字原有的聲符以切合語言讀音的聲符代換，則發生在形聲字旣有之後。

註　一：見蔣伯潛文字學纂要本論一所引，王師韞之譯文載中山大學歷史語言研究所週刊「文字專號」。
註　二：見說文解字六書疏證卷第二十三。
註　三：見戴師君仁「吉氏六書」一文
註　四：見戴師「中國文字構造論」轉注說
註　五：見蔣伯潛文字學纂要第四章「轉注與假借」
註　六：見魯實先先生「假借遡原」
註　七：見馬敍倫說文辭解字六書疏證卷廿九說文敍注轉注條下
註　八：見朱宗萊文字學形義篇
註　九：見魯實先先生「假借遡原」
註一〇：見戴師梅園論學集「累增字」一文
註一一：見段玉裁說文解字注買字下注
註一二：見陳夢家殷虛卜辭綜述第二章第四節
註一三：見馬敍倫說文解字六書疏證卷廿九自敍
註一四：林景伊先生說文二徐異辨序云：「無聲字者，卽指事、象形、會意之字，或爲意象，或爲形象，或爲意合，其形體無聲，由於進字者憑其當時之意識，取其義而定其聲者也。」
註一五：同註八所引
註一六：見戴師「中國文字構造論」附轉注說
註一七：見戴師「梅園論學集」吉氏六書一文
註一八：同注一三所引

新郪兵符

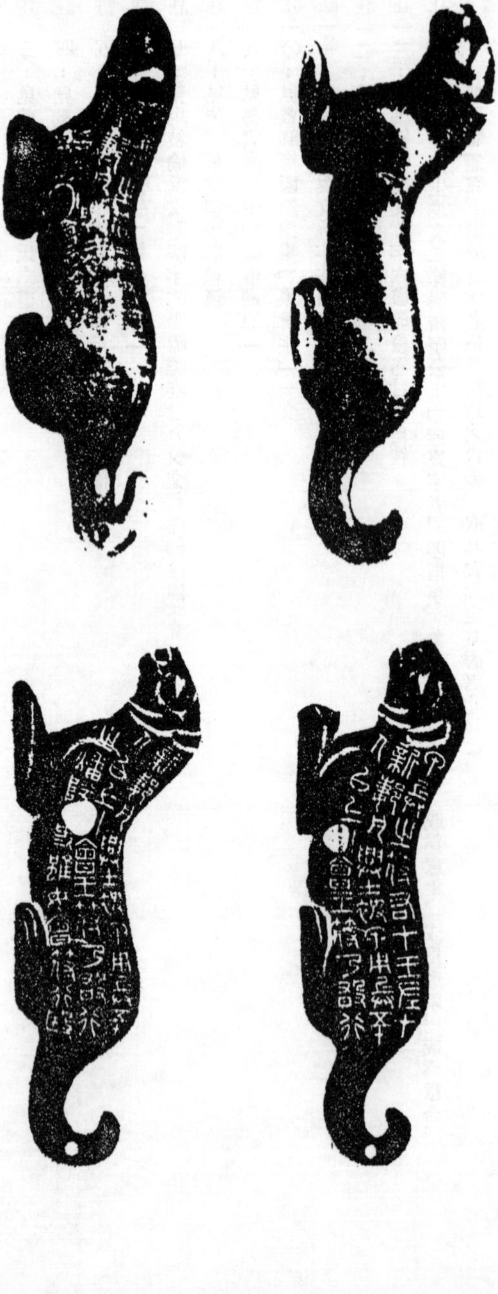

# 第九章　假借通釋

## 第一節　釋　名

許敍說：「假借者，本無其字，依聲託事；令長是也。」由於歷代學者們對於假借一書的成因及其內涵各有不同的看法，自然在解釋許愼所下的界說時，也就各持己見。歸納一下他們的異議，不外乎二個爭論。一、假借字是依聲而託其事，還是依聲而不必託事？二、假借是用字還是造字的方法？由於第一個爭論，連帶牽出許敍所擧的「令」「長」二例，是否允當的討論；而由第二個爭論，又關係到假借到底是「本無其字」，還是「本有其字」？玆就這兩方面分別論述：

### 一、依聲託事抑或不必託事—引申與假借

我們在第三章裡已經討論到，六書的分類並非絕不可易，我們甚至於可以說，由於傳統六書的分類不夠嚴密，因而引起了假借上「依聲而託其事」與「依聲而不必託事」的爭議。用現在的看法來說：本無其字，依聲而不必託其事是眞正的假借；本無其字，依聲而託其事則稱爲引申。「所謂引申者，乃資

本義而衍釋；所謂假借者，乃以音同而相假，是其源流各異。」（註一）但是假借和引申相同的地方都在「本無其字」，所不同的在於前者「『本無其字』一語，等於指尚未製成文字的語言。『依聲託事』一句，就是說找一個在語言上和它同音，而已經製成的字，來兼代它。這只要聲音上條件便夠了，意義上有沒有關係，可以不管的。如來字本是麥的象形，而來去之來，在語言上和它同音，因此畫了一棵麥子，便可代表來去之來。說文裡說：『天所來也，故爲行來之來。』要替本義和假借義拉關係，這是不必的。」（註二）而後者的成因在於「中國語言，因爲音節短，語言的數量有限制，『引申』的方法用得最廣，例如：一，本是一個數目，我們可以用作「第一」（如一號門牌），每一，某一、別一、偶一、略一、獨一（如「一夫紂」卽獨夫紂），整個（如一國），專心（如一心），統一（如「孰能一之」），一樣（如「其揆一也」）等種種的意義。……所以語言不多而包含的意義無窮。在文字裡，承受了語言中這一個方法，就可以不必增加很多新字。」（註三）引申雖也是本無其字，却著重在將原有的字義經聯想推申而出的那些相關寓義。基於傳統六書的分類，只替假借和引申留下了一個位置，而這兩類都是在文字發展上不可或缺的過程，再加上它們又都具有「本無其字」的通性，自然而然的就共同分享了傳統六書中「假借」的名目。所以說，傳統上對「假借」的界說往往含混，當我們看到說文中對假借的詮釋，往往替本義與假借義去作意義上的牽聯的（註四），也就無足爲奇了。段玉裁注假借說：

> 託者寄也，謂依傍同聲而寄於此。則凡事物之無字者，皆得有所寄而有字。如漢人謂縣令曰令長，縣萬戶以上爲令，減萬戶爲長。令之本義發號也，長之本義久遠也。縣令，縣長本無其字，而由

發號，久遠之義引申展轉而爲之，是爲假借。

這段話完全很忠實的上承許意加以發揮的。有許多學者以爲假借中有「有義的假借」一類，也都是循著這個脈絡而來。但是引申與假借的成因既然不同，而認爲就字的本義「引申展轉而爲之，是爲假借。」將二者混爲一談，徒然增加了不少困擾。嚴格的說，在講到「假借」時，應該把「引申」摒之於門外的。我們不妨於六書之外別立「引申」的名目，使聲的發展與義的擴充各立門戶，對我們董理文字來說，是有百利而無一害的。

前人既然已經把假借和引申雜爲一類，我們要用什麼方法來把它們加以劃分呢？依愚見以爲：在看到那一類雖然費了許多工夫把後來衍成的字義，與本義去加以聯繫，此聯繫僅是出於牽強附會，而無必然相關性的話，它們只能說是假借，不能視爲引申。如說文：「日在西方而鳥西，故因以爲東西之西。」而事實上日西和鳥棲並無必然的相關性，它們不過是因爲語言中方向的西字和鳥棲的西同音，方向的「西」又無法造出專字，於是假借鳥西字以爲東西字而已，去找他們間意義的關聯，是徒費工夫的。如果後來衍成的字義是基於原有的字義聯想推申而得，其間有必然的發展關係的那一類字，則是眞正的引申。譬如年的本義爲「穀孰」，月的本義爲「大侌之精」，日的本義是「大昜之精」；由於在黃河流域稻穀每三百六十五天僅熟一次，月亮每三十天圓一次，太陽每十二個時辰出沒一次。於是衍成了時間上的年、月、日，這才是引申而來的。段玉裁既然以引申的意義來解說「令、長」二字，於是朱駿聲改「令、長」爲「朋、來」（註五），吳敬恆「令、長」爲「令、良」（註六）。但是從「令、長」二字其他的意義來剖析，弓英德說：

令字之同音不同意者，古有「時令」之令，禮月令云：「命相布德和令」是也。有「善良」之令，詩云：「令聞令望」是也。有官名之令，春秋楚有令尹，左襄二十六年：「子太叔爲令正」，漢書百官公卿表「縣令長皆秦官」等是也。凡此令字，皆不得以「發號」代之，尤不能以「命」字代之也。長之同音不同意者，古有「首長」之長，易云：「元者，善之長也。」有「年長」之長，書伊訓云：「立愛惟親，立敬惟長」是也。有「位高」之長，書益稷云：「外薄四海，咸建五長」是也。有「長進」之長，易云：「君子道長，小人道消」是也。有官名之長，左襄十一年云：「「秦庶長」是也。凡此長字，皆不得以長短之長代之也，凡此皆借其音，而寄以另外之義也。（註七）

事實上，任何一個字都可具有「本義」、「引申義」和「假借義」三層意義。由於說文中對於字形的誤解，於令長二字的本義上也就未必是原有造字之意。說文於令下云：「[illegible]，發號令也，从亼卪。」然徵之甲文，令字有[illegible]、[illegible]諸形，宜子鼎作[illegible]，父辛卣作[illegible]，李孝定甲骨文字集釋卷九說：「竊疑A象倒口，篆文从口字籀文多作∀，倒之則爲A，篆文龠字作[illegible]，亦象倒口覆編管之上可證。下从卪，乃一人跽而受命，上口發號者也。卜辭令字之義與許訓同。」說文長下云：「[illegible]，久遠也，从兀从匕，兀者高遠，意也久則變化，亾聲。」然徵之甲文，有[illegible][illegible][illegible]諸形，長日戊鼎作[illegible]，長陽匜作[illegible]，余永梁殷虛文字續考云：「實象人髮長皃，引申爲長久之義。長部肆或从镸，即長爲髮長之明證。許君所解，皆望文生訓，非朔誼也。」令之本義旣爲「發號」，而以「縣令」司一縣之號令，楚「令尹」相當於宰相，同時又具有軍權，都應是發號推申而出的引申義。而「善良」之令與號令之義，全無關涉，則爲以音同而相假的假借字。長之本義訓爲「髮長」，髮長者需時「久遠」，古人留髮，髮長者「年長」，而作動詞用時，自有「長進」之義。也都是出於引申而來的。而「官長」、「縣長」與「髮長」之義毫不相關，則是出之於假借。照這樣的分析，以「令、長」二字作假借的例字，亦無不妥，實不必拘於段氏對這二字的看法而另行改字。

## 二、本無其字抑或本有其字——假借與通假

假借是文字孳乳的途徑之一，而不僅僅是用字，本文已在第三章中加以辨析。但是由於陸德明經典釋文敍錄引鄭玄說，云：

其始書之也，倉卒無其字，或以音類比方叚借爲之，類於近而已。

後世學者，基於四體二用先入爲主的觀念，沒有辨明假借與經典通假字之間的差異，也有就拿鄭玄的觀念推衍發揮以說假借者，其實鄭玄所說的假借，只是經典通假字——它們才是需要透過訓詁的方式去了解用字通假的原因。朱駿聲說文通訓定聲轉注下云：

凡一意之貫注，因其可通而通之爲轉注；一聲之近似，非其所有而有之爲叚借。就本字本訓而因以展轉引申爲他訓者曰轉注，無展轉引申而別有本字本訓可指名者曰叚借。依形作字，覩其體而

申其義者，轉注也；連綴成文，讀其音而知其意者，叚借也。叚借不易聲而役異形之字，可以悟古人之音語；轉注不易字而有無形之字，可以省後世之俗書。叚借數字供一字之用而必有本字，轉注一字具數字之用而不煩造字。……轉注無他字而卽在本字，故轉注居叚借之前，叚借有本字而偶用別字，故叚借附六書之末。若此則訓詁之法備，六書之誼全。

朱氏所謂之轉注，實卽本文所指的引申，所謂的叚借，只是指假借在先造字在後的假借，謁字自冒於叚借與經典的通假字而言。所以朱氏說假借時，特別重視其本字，在全書中凡論及一字的假借，一定要把它的本字本義找出來。王引之說：

許氏說文論六書之假借曰：本無其字，依聲託事，令長是也。蓋無本字而後假借他字，此謂造作文字之始也。至於經典古字，聲近而通，則有不限於無字之假借者。往往本字見存，而古本則不用本字而用同聲之字。學者改本字讀之，則怡然理順；依借字解之，則以文害辭。（註八）

很明白的指出，在經典通假字中，必求其本字才能了悟經義。旣然主張假借爲用字，而混入通假字，自然就主張假借中有「本有其字」的一類；朱駿聲甚至改許敍爲「本無其意，依聲託字，朋來是也。」都沒有了解假借的眞義。

孫詒讓與王子壯論假借書說：

天下之事無窮，造字之初，苟無假借一例，則逐事而爲之字，而字有不可勝造之數，此必窮之數也，故依聲而託以事焉。視之不必是其字，而言之則其聲也，聞之足以相喩，用之可以不盡，是假借可救造字之窮而通其變。即以爲造字之本，亦奚不可乎？很清楚的說明了假借的起源和作用。事實上，假借字是沒有本字可追溯的。「其本身或爲象形字，或爲指事字，或爲會意字，或爲形聲字，皆各有本義，而經假借爲某字，則別具條件，與其本身幾若全無相涉，此假借所以亦爲造字之本也。（註九）」

## 第二節　假借之演化

段玉裁於說文敍假借條下注云：

大氐叚借之始，始於本無其字；及其後也，既有其字矣，而多爲之叚借；又其後也，且至後代譌字亦得自冒於假借。

後世學者，往往以段說爲據，而將假借一書予以分類，如朱駿聲說文通訓定聲說假借之源曰：

夫叚借之原有三：有後有正字先無正字之叚借，如爰古爲車轅、洒古爲灑掃。有本有正字，偶書他字之叚借，如古以卽爲疾，古以貫爲蓄。有承用已久，習訛不改，廢其正字。嫥用別字之叚借，如用草爲艸，用容爲頌也。

由於朱氏對假借字都要追踪探尋本字，自然所謂的假借之源，也不能包括全部的假借，尤其是所謂「本有正字、偶書他字」的假借，僅指經典通假字而言，要嚴格的說，並不能算是假借字。其實段氏所強調的，並不是假借由來的類別，而在假借的「三變」，而這三變，正是假借字演化變遷的歷程。

## 一、假借始於本無其字

對於假借字產生的原因，李孝定用六書的觀念分析「甲骨文字集釋」的正文重文及一些形音義可以確知而說文所無的字。其中假借字有一二九個，佔總數百分之十·五二強。他以爲：

假借字的本字，只有象形、指事、會意、而絕無一個形聲，這證明假借字之應用，本是在形聲造字之法未被發明以前，從表形、表意的文字過渡到表音文字，青黃不接的階段裡，所採取的變通辦法，它本身是純粹的表音文字。它是因爲想表達的語義事涉抽象，一時難以造出本字，才從權的借一個音同或音近的已有文字來作代用品，其借用的唯一條件是音同，但漢語是孤立的單音節語，同音異義的很多，在代用的初期還未達到約定俗成的時候，一定感到很不方便；後來人們發現何不在借字的旁邊，加上一個與假借義事類相近之字，作意符以爲區別，於是便產生了最早的形聲字。在甲骨文中有許多原是用假借字的，到後來都有形聲本字，因之筆者認爲形聲造字的辦法，是受了假借字的啓示。（註一〇）

而這種早期的假借字，也就是段氏所指的「原夫叚借放於古文本無其字之時」，通常都稱作「本無其字」的假借。它們的由來雖然在形聲字產生以前，但是在形聲字旣出之後，或由於人心之好簡惡繁，或由於部分抽象的名物與辭性的含義，卽使以形聲字也難以明確顯示，仍然不斷的衍成。直到今天，我們所使用的文字當中，還有不少這樣的假借字存在。容庚把它們分成了四類：

**一、專名之假借** 古人專名，閒製專字。其見於說文者，如人名之伋、伉、偰、偓佺，女性之姜、姬、姞、嬴，女字之嫵、婀、嫡、婕，國名之鼀、郟、郜、郊皆是也。申繻論名有五：有信、有義、有象、有假、有類，雖有所取義，然假借而無義者甚多。他如山名恆、衡，州名雍、豫，鳥名倉庚，魚名科斗，皆此類也。

**二、代名之假借** 代名之字，如予、余、己、台、爾、汝、而、彼、佗、伊、渠、之、其、厥等字。

**三、形況字之假借** 雙聲連語如流離、猶豫、率眞、盤礴，疊韻連語如胡盧、相羊、孟浪、滅裂，重言如蕘蕘、關關、闟闟、彔彔，單詞如幡然、忽焉、突如、莞爾。

**四、虛助字之假借** 介字如之於以與爲，連字如夫而則然雖，助字如也矣耳已乎哉邪，歎字如都俞於猗。

以上四類，形不可象，事不可指，意不可會，卽欲施之以形聲，亦不盡可因事以爲名，此所謂本無其字也，祇可施以依聲託事之假借（註一一）

事實上，在本無其字的假借中包含著不少外來語，如「佛」是由梵文音釋的名詞，「巴士」是由英文音譯的名詞。

## 二、變爲本有其字—爲別異造假借本字

但是「本無其字」的假借字，由於「一字數義」的關係，常常導致本義和假借義的混淆。戴師靜山說：

因爲古書上和習用的字，假借非常的多，這種依聲借代的方法，最令人迷惑而難懂。要補救這個毛病，最便當的就是將這些字造成半音符字，使牠有區別。這個方法，古人已經有了，在六書就是形聲轉注。試看「須」「專」「省」「黨」等字，通常所用的意義，都是假借，這就很容易和本義相混。後來應用形聲的方法，製成半音符字，而爲「鬚」「嫥」「媘」「攩」，有了專字不會再混淆不清。（註一二）

這一類以本無其字的叚借字爲聲符，再加上形符以達到別異目的的字，是段注所說假借的第二變，一般稱作「本有其字」的假借。對於「本有其字」的假借字中，本字與假借字之間的關係，或囿於段氏「既有其字矣，而多爲之假借」之言，導致了本字在先，假借在後的誤會。但是段玉裁一方面說這類的字是「本有字而代之，與本無字有異」，一方面又說：「然或叚借在先，製字在後，則叚借之時本無其字，非有二例。惟前……則叚借之後終古未嘗製正字，後……則叚借之後遂有正字，爲不同耳。」態度是猶豫不定的。分析一下段注所舉「本有其字」假借的十例，大約可分爲四類：

一是假借在先、製字在後的字：如古文以「洒」爲「灑埽」字，以「丂」爲「巧」字，以「誐」爲

「頗」字，以「爰」爲「轅」字。都是基於音同音近的「本無其字」的假借字，後來爲了避免本義和假借義的混淆，乃以「灑」「巧」「頗」「轅」等專字來表示假借義，於是這些假借義，乃各有其本字。

二是先假借甲字，後由於甲字因時空發生聲音的變化，不足以紀錄原來假借義的語言，於是襲取另一個與假借義在語言上音同或音近的乙字的字形來取代。如說文云：「旅，軍之五百人。」而𣃘爲旅字的古文，𣃘下云：「古文以爲魯衞之魯。」說文又釋魯字爲鈍詞，都與魯衞之魯作國名無關，以「魯」代「𣃘」，只不過爲了適應聲音的變遷而已，它們仍舊是「本無其字」中專名的假借。又「疋下云：古文以爲詩大雅字。」根據說文，疋義爲足，而雅爲楚烏，也都與詩大雅之義無關。二者都是「本無其字」的假借中專名的假借。

三是引申在先，製字在後的引申孳乳字：如古文以「臤」爲「賢」，以「哥」爲「歌」，以「㗊」爲「覞」，都是出於意義上的推申，爲了避免引申義和本義相混，乃別造「賢」「歌」「覞」的專字，以代替引申義。由於段氏所謂的假借字，包括了引申，以引申孳乳字視爲假借在先、製字在後的字，也是理所當然的。

四是經典通假字：「㪒下云：周書以爲討字。」從結構上看，㪒字「从攴𠷎聲」，是形聲字，而討字「从言寸」是會意字。從假借字的衍成看，要早於形聲字，而且所以取諸假借，出於象形、指事、會意之法，不能顯現的虛泛之義，不得已就取已經造好的同音字以表示，如果當時有意可會，必無捨明顯易了的會意，反求諸引起字義含混的假借之理。徵之鐘鼎，邾[illegible]鐘有[illegible]字，吳大澂疑爲古「討」字

（註一三），徵之文獻，書皐陶謨云：「天討有罪」，左宣十二年傳曰：「其君無日不討國人而訓之」，字用討字的，典籍中也不在少數，而說文說周書以敨爲討，又言詩云：「無我敨兮。」但是經桂馥的查證：周書無討字，而所引之詩出於鄭風遵大路，字作䰾（註一四），是以用敨代討，只是經典通假字，是不能與前面的例子混爲一談的。

由這樣的剖析以後，我們可以很明確的看出，卽使以段氏的脈絡，「本有其字」的假借，也只能解作假借在先，製字在後，所謂的本字，都是爲了別異而在假借來的聲上加形的後起字。它們都是由假借而加形的初有聲無形的形聲字。若是再嚴格的劃分的話，它們是由於本義與假借義的相混，用轉注的辦法所造的轉注字，後起的本字，都和它們的聲符中的假借義相轉注。

## 三、後世衍出譌字冒稱爲假借

論及譌字自冒於叚借，余初就段氏所稱：「至於經傳子史，不用本字而好用叚借字，此或古古積傳，或轉寫變易，有不可知。」度之，以爲當係鄭康成所言：「其始書之也。倉卒無其字，或以音類比方叚借爲之，趣於近而已。」之「經典通叚字」。然近年細思，漸悟素日之看法有大謬不然者。夫太炎先生早已言之：「同聲通用者，後人雖通號叚借，非六書之叚借也。」「經典通叚字」與文字結構之衍化無關，自不得附於叚借之驥尾矣。

段氏云：

而如許書，每字依形說其本義，其說解中必自用其本形本義之字，乃不至矛盾自陷，而今日有絕不可解者：如悳爲愁，憂爲行和，既畫然矣；而愁下不云悳也，云憂也。𡫳爲窒，塞爲隔，既畫然矣；而窒下不云𡫳也，云塞也。但爲裼，袒爲衣縫解，既畫然矣；而裼下不云但也，云袒也。如此之類，在他書可以託言叚借，在許書則必爲轉寫譌字。

證以今日通行之字義，以憂爲愁，以塞爲窒，以袒爲裼，已積非成是，習訛而不改，非經訓詁之道以回遡之，乃不知憂、塞、袒竟另有其本義。自與「經典通叚字」以一時音同音近，從權而代之，誌音而不識義，不可同日而語。如尚書湯誓云：「時日曷喪。」時、曷二字並不能廢是、何之本字本義而專之，其間應有分野。

## 一、譌字自冒於叚借釋例

茲就段氏所舉例證之外，就說文所誌文字之本義與後世習焉而不察，日用之以爲當然之字義相較，亦多有不合者。此段氏特別標出「譌字自冒於叚借」一變，視爲叚借影響文字形義衍化之一端，誠爲其獨到之卓見。例如：

艸部云：

草，草斗，櫟實也，一曰象斗，从艸早聲。（一篇下）

王筠釋例曰：「吾鄉名其木曰柞，其實曰橡子，實之外有皮包之如栗房，名曰橡子盌，可染緇，是即草斗矣。」則「草」本橡子之名。然周禮地官有草人：「掌土化之法以物地，相其宜而爲之種。」又稻人：「凡稼澤，夏以水，殄草而芟荑之。」鄭注：「玄謂將以澤地爲稼者，必於夏六月之時，大雨時行，以水病絕草之後生者；至秋水涸，芟之，明年乃稼。」皆以草作「百卉」之名。徵諸說文，百卉之字形當作「艸」，今爾雅釋艸字尚存其原貌。席世昌讀說文記云：「按五經艸字俱作草，中有本作草字者，注家亦混解不分。祭統云：『草艾則墨，未發秋政則民弗敢草也。』言草斗之爲物，芟老則黑，如未發秋政之時而採取之則不可用，故民弗敢取以染也。鄭氏訓艾爲刈，訓墨爲小刑，言秋草木成可芟艾時始行小刑，如此則古人之于薄刑必遷延至秋時始決，豈無留獄之意乎。」自以「草」代「艸」，「草斗」之本義漸晦，鄭康成竟不知有其義而有所誤。今人亦延用之，豈知其本乃「橡子」之名邪？又艸字象形，草字从艸早聲屬形聲，本字之艸必造字在先，則以「草」代「艸」，不得託言爲叚借，其爲譌字自冒爲叚借明矣。

爪部云：

爪，丮也，覆手曰爪，象形。（三篇下）

叉又部云：

叉，手足甲也，从又，象叉形。（三篇下）

而集韻曰：「叉，手足甲也，或作蚤，通作爪。」則集韻中「爪」「叉」兩字已混。降及近世，或以「爪」爲手足甲之義，或更進而引申爲鳥獸之掌與趾者。「爪」之本字既譌爲「叉」字之義，乃不得不以轉注之法另造「抓」字以誌「覆手」之義。

亯部云：

亯，獻也，以高省，(一)象孰物形。孝經曰：「祭則鬼亯之。」……，篆文亯。（五篇下）

亯字篆文作，隸變之後下半與子同化作「享」，段氏云：「按周禮用字之例：凡祭亯用亯字，凡饗宴用饗字。如大宗伯吉禮下六言亯先王，嘉禮下言以饗燕之禮親四方賓客，尤其明證也。禮經十七篇用字之例：凡祭亯、饗宴字皆作饗，無作亯者。左傳則皆作亯，無作饗者。毛詩之例則獻於神曰亯神，食其所亯曰饗。如楚茨以亯以祀，下云神保是饗；周頌我將我亯，下云既右饗之。……皆其明證也。鬼神來食曰饗，即禮經尙饗之例也。獻於神曰亯，即周禮祭亯之例也。」吳大澂說文古籀補以亯字象宗廟之形，因誌祭亯之義。據食部另有饗字，說解云：「饗，鄉人飲酒也，从鄉从食，鄉从聲。」（五篇下）饗字甲文作，金文作等形，正象二人或更多人圍簋饗宴之意，與亯字形義截然不同，周禮分之甚明，而儀禮則僅用「饗」字，左傳則僅用「亯」，此蓋二字音同所致之訛誤，至於今日，「亯」「饗」兩字常混用不別。

麥部云：

麥，芒穀，秋租厚藐，故謂之麥，麥，金也，金王而生，火王而死，从來有穗者也。（五篇下）

大徐本釋曰：「夊，足也，周受瑞麥來麰如行來，故从夊。」又來部云：

來，周所受瑞麥來麰也，一來二縫，象其芒朿之形，天所來也，故爲行來之來。詩曰：「詒我來麰。」（五篇下）（註一五）

王筠釋例以爲：「來麥一物，何勞更釋哉？大徐謂从行來而從夊，夫許云故爲行來之來，則其爲假借明矣。麥仍是來，反從來之借義乎？闕疑可也。」徵之甲文，來字有□□□□諸體。羅振玉增訂殷虛書契考釋曰：「卜辭中諸來字皆象其穗或垂或否者，麥之莖強，與禾不同。或省作𣎵作來，皆假借爲往來字。」又麥字甲文有□□□諸形，羅振玉曰：「案此與來爲一字，許君分爲二字，誤也。」就象形之例言之，來本象麥之形已成定論，而於麥字從夊，却見仁見智，諸說不一。朱氏定聲來下云：「駿案往來之來正字是麥，菽麥之麥正字是來，三代以來，承用互易，如苑宛、童僮、酢醋、種穜之比。許君未經訂正，故沿譌至今。……亦作徠作來，與麥之从夊同。」又於麥下云：「駿案此字本訓當爲往來之來，至也，从夊來聲，與致往字同意，自古與來字互易承用。」其說可謂深得文字衍化之跡。就聲韻論之，來字灰韻止攝，麥字陌韻蟹攝，上古同收之部。往來之意爲動詞，先民造字時不易象其形、指其事、會其意，乃假借已造好之同音字菽麥之來以誌其音，甲文中來字皆作往來解，是其證也。及其後也，嫌其義混，乃於來字下加夊形，另製从夊來聲之麥字專識「往來」之意，表面觀之，麥字爲由叚借而加形之形聲字。夊部云：「行遲曳夊夊也。象人兩脛有所躧也。」今觀夊部所收之字，多與行走有關，亦足以爲麥本係往來字之旁證。自本有其字之叚借字言之，結構通常多以本無其字之叚借字爲聲符，另加形符以明叚借義之事類，其體勢較原先本無其字之叚借爲繁自不待言，是故後世捨新造之體而不顧，仍用原始本無其字之叚借字記誌語義者亦所在多有。如雖由省造渻⿰木省以識少減之意，由率造⿴行率⿺辶率以識將⿴行率、先導之意，而今渻⿰木省⿴行率⿺辶率皆廢，仍以省率帥公行。楚辭九章橘頌曰：「后皇嘉樹徠服兮。」又玉篇云：「徠，來也。」徠从彳，逨从辵，均在表示足部之行動，則「徠」「逨」二字亦爲「麥」字之異體，然「徠」「逨」今亦尟有用之者。竊以爲文字衍生要件之一在求其形音義之明確，於不同之聲或義，皆求其各有專司以別異；此「麥」字之所以後起，本專識往來之叚借義也，由於結體較繁而棄置不用。「來」之本字既爲叚借義所專用，乃不得已而取爲往來專造之「麥」字聊識菽麥之義歟？而詩大雅「詒我來麰」之「麰」字，則於行來之「麥」形另加「牟」聲，以誌「芒穀」之義。文字互譌之事，自古有之：鼎下云：「古文以貞爲鼎，籀文以鼎爲貞。」（註一六）卜辭通纂曰：「古乃叚鼎爲貞，後益以卜而成鼎貞字，以鼎爲聲。金文復多叚鼑爲鼎，許說古文以貞爲鼎，籀文以鼎爲貞者，可以改云金文以鼑爲鼎，卜辭以鼎爲鼑，鼑鼎貝形近，故鼑乃譌之貞也。」可爲「麥」譌爲菽麥字之旁證。

夊部云：

愛，行皃也，从夊㤅聲。（五篇下）

徵諸典籍，詩經大雅蒸民曰：「愛莫助之。」論語憲問篇：「愛之能勿勞乎！」孝經云：「愛親者不敢惠於人。」諸愛字皆不可作行皃解。禮記表記引蒸民「愛莫助之」下鄭注云：「愛，猶惜也。」昭公二十年左傳曰：「及子產卒，仲尼聞之出涕，曰：古之遺愛也。」史記鄭世家引之，裴駰集解引賈逵曰：「愛，惠也。」然心部另有㤅字云：「㤅，惠也，从心旡聲。」（十篇下）段注：「許君惠㤅字作此，愛爲行皃，乃自愛行而㤅廢，轉寫許書者遂盡改㤅爲愛，全非。」以「愛」爲「㤅」，其爲譌字自冒於叚借明矣。

米部云：

氣，饋客之芻米也，从米气聲。春秋傳曰：「齊人來氣諸侯。」槩，氣或从旣。餼，氣或从食。（七篇上）

然而徵諸典籍：易經乾文言云：「同氣相求。」禮記月令：「孟春之月，天氣下降，地氣上騰。」氣字皆無饋客芻米之義無關。而气部曰：「气，雲氣也，象形。」（一篇上）觀夫此，原先本有雲气之本字作「气」，而易經已以「氣」代「气」，以訛傳訛，遂不得不以轉注之法，加形製「餼」，加形易聲製「槩」，以明饋客芻米之本義。今本左傳於桓六年、十年，僖二十三年皆作「餼」字。「气」爲象形，「氣」字从米气聲屬形聲，其造字先後自不待言。以「氣」代「气」，與本有其字之叚借異，與經典通叚字亦不同。

宀部云：

容，盛也，从宀谷聲。（七篇下）

徐鍇曰：「此但爲容受字，容皃字古作頌也。」孟子盡心上：「日月有明，容光必照焉。」趙注：「容光，小郤也，言大明照幽微也。」孫疏：「又言日月之有明，凡於幾隙，但有容其光者則必照之。」仍用其本義。然萬章上：「舜見瞽瞍，其容有蹙。」則已以容字作皃解。昭九年左傳：「物有其容。」杜注：「容，貌也。」所用亦非本義。徐灝云：「容之引申爲寬容，爲雍容，假借爲容儀，容止。」

夫頁部頌下云：「頌，皃也，从頁公聲。」（九篇上）詩大序訓頌爲「美盛德之形容也。」阮元承之，釋頌爲「樣子」，可謂得其古義矣。然自左傳、孟子以往，後人以「容」代「頌」久矣。

衣部云：

𧝝，丹縠衣也，从衣㠭聲。（八篇上）

又尸部展下：

展，轉也，从尸𧝝省聲。（八篇上）

徵諸經籍：詩鄘風君子偕老云：「瑳兮瑳兮，其之展也。」鄭箋：「后妃六服之次展衣，……此則以禮見於君及賓客之盛服也。展衣字誤，禮記作襢衣。」桂馥以爲：「本書當有或體作襢，玉篇襢與𧝝同。」朱氏通訓定聲云：「詩作展，叚借字。」周禮內司服掌王后之六服：褘衣、揄狄、闕狄、鞠衣、展衣、緣衣、素沙。」亦以「展」爲「𧝝」，已可謂爲譌字自冒於叚借。而「襢」字則係「𧝝」之轉注字，易㠭聲爲亶聲耳。又左傳成十六年：「展車馬。」襄三十一年：「各展其物。」哀二十年：「敢展謝其不恭。」杜注皆云：「展，陳也。」而㠭部云：「㠭，極巧視也，从四工。」（五篇上）段氏注：「工爲巧，故四工爲極巧，極巧視之謂。……凡展布字當用此，展行而㠭廢矣。」玉篇曰：㠭，今作展。」則左傳之「展」字皆爲極巧視之「㠭」之譌字。古有「展衣」，今曰「展覽」，寧知其竟有「𧝝」「㠭」之本字邪？「展」字既爲「𧝝衣」「㠭視」之同音字所譌，因與轉字類化，另造「輾」字以明其原義，自關雎詩已然，遑論其後？就形言之，「𧝝」字從「㠭」聲，「展」字從「𧝝」省聲，

「𢀖」「褎」「展」造字之先後明矣，故不得視爲本有其字之叚借。

次部云：

盜，厶利物也，从㳄皿，㳄，欲也，欲皿爲盜。（八篇下）

僖二十四年左傳：「竊人之財猶謂之盜。」定八年穀梁傳：「非其所取而取之謂之盜。」皆仍其原義。然史記項羽本紀云：「故遣將守關者，備他盜之出入與非常也。」已有匪賊之義，而戈部曰：「賊，敗也，从戈則聲。」（十二篇下）段注云：「是賊字爲用戈若刀毀貝會意而非形聲也。」較切中造字之旨。昭十四年左傳：「殺人不忌爲賊。」釋其意頗明。而今「盜」「賊」二字意義互譌，以「賊」爲竊取，以「盜」爲刼殺，此或約定俗成之所致邪？

魚部云：

鮮，鮮魚也，出貉國，从魚羴省聲。（十一篇下）

左傳衞公子鱄字子鮮（見襄公十四年、廿六年、廿七年），當係用其本義。然老子第六十章曰：「治大國，若烹小鮮。」左傳襄公三十年云：「惟君用鮮。」杜注：「鮮野獸也。」竹添光鴻會箋曰：「言野獸之新殺者。」其義皆與貉國之鮮魚無關。段氏曰：「按此乃魚名，經傳叚爲新鱻字，又改爲尟字，而本義廢矣。」同部鱻下云：「鱻，新魚精也，从三魚，不變魚也。」段注：「此釋从三魚之意，謂不變其生新也。……鱻則謂其死者，死而生新自若，故曰不變。」今以「鮮」代「鱻」。承用而不改，自屬訛字自冒於叚借。而古籍又或叚「鮮」爲「尟」字，然則「尟」「尠」之本字並未因之而晦廢，僅爲一時以音同而相叚，是謂經典通叚字。

## 二、譌字自冒於叚借之成因

綜論所舉譌字自冒叚借之例字，固皆屬以語言上音同音近，導致文字形義之譌誤，與叚借字之成因近似，故段氏附記爲叚借之第三變。詳細分之，譌字自冒爲叚借之成因約有左列數端：

(一)既有之本字之形較簡易，先民捨簡就繁，以較繁之音同音近字取而代之，久假而不歸者。

如以「草」代「艸」、以「愛」代「㤅」、以「氣」代「气」、以「展」代「𧝓」「㠭」：與段氏所稱之以「憂」代「𢝊」，以「塞」代「𡫳」，以「袓」代「伹」同例。其義皆先有專造之本字，降及後世，却襲取另一音同音近之較繁字體以誌其義，甚至本字爲繁體譌字之形符或聲符。漸而以訛傳訛，本字竟廢而不用，積非成是，居之而不疑，儼然爲其所有，非經訓詁探源，難窺其初形原義矣。

(二)既有之本字之形較繁複，先民棄繁趨簡，以較簡之音同音近字取而代之，久假而不歸者。

就漢字之演化言之，由繁而簡乃與由簡而繁齊頭併進，當既有之本字形體繁複，另取一音同音近之較簡單字形代之，亦所在多有。如以「容」代「頌」，以「鮮」代「鱻」之例。

(三)或以義類相似，致二音同音近之字字形互相襲取，衍成譌字自冒於叚借。

如「爪」與「叉」，前者覆手，後者手足甲，皆與手有關，後世遂以「爪」代「叉」。「亯」與「饗」，前者亯神，後者饗宴，皆與飲食相關，致二字形義混同。「盜」與「賊」，前者竊盜，後者強賊，然皆作奸犯科，在約定俗成之下，二字互譌。

㈣本字既爲叚借義所專，反襲取本爲叚借義所造之專字誌其本義者。

如「來」之本義爲菽麥，既爲行來之叚借義所專，於是襲取爲行來之義所造之「麥」字誌其本義。

朱駿聲說文通訓定聲分叚借之原爲三：

有後有正字，先無正字之叚借：如爰古爲車轅，洒爲灑掃。

此即段氏所謂「本有其字」之叚借。

有本有正字，偶書他字之叚借：如古以聖爲疾，古以㒸爲蕕。

此即鄭玄所謂「其始書之也，倉卒無其字，或以音類比方叚借爲之，類於近而已」之「經典通叚字」。

有承用已久，習訛不改，廢其正字，嫥用別字之叚借。如用草爲艸，用容爲頌也。

此既段氏所謂之「譌字亦得自冒於叚借」。由於朱氏所謂之叚借字皆有其本字，故「本無其字」之叚借無與乎朱氏叚借三原之列。又朱氏謂叚借之原爲三，意指三者源頭有異，亦不若段氏分叚借爲三變，闡明其承傳發展爲佳。然則「訛字自冒於叚借」與「本有其字之叚借」及「經典通叚字」各異，朱氏已明辨之矣。

「譌字自冒於叚借」與「本有其字之叚借」之異，在後者係原無本字，由於「本無其字之叚借」引致義混之後，乃透過轉注之法所新造之由叚借而加形之形聲字，新造之字專誌叚借義，所謂之本字於是乎出現。就其形體結構之衍化言之，是叚借在先，造字在後，故其本字往往結體較繁。而前者係原先早已有本字，却棄而不用，而以另一音同音近之字形以誌其義。

「譌字自冒於叚借」與「經典通叚字」雖同屬早已有其本字，棄而不顧，反代之以音同音近之不同意義之異體字。然後者僅係一時聲音上之偶合，並未能取其本字而代之，如以「鮮」代「尟」，「尟」字形義至今昭然。在字形結構上並未因之有所改變。而前者則久假而不歸，原有本字之形義遂因而晦廢。其不可混爲一談明矣。

段氏以「譌字自冒於叚借」爲叚借之第三變，雖與由「本無其字」進而衍生爲「本有其字」之途徑有異，然「譌字自冒於叚借」亦爲文字結構以音之關係而導致改變之因素之一，乃以之附記於叚借之末，不亦宜乎！

## 三、叚借、引申、轉注、形聲

就文字結構之發展變遷言之，叚借暨六書以外之引申，往往導致文字之形體不得不變。蓋一字包含數個叚借義或引申義後，造成其與本義之混淆乃無法避免之事，而文字既記誌語言，欲求其形義之明確，亦勢在必行，於是不得不透過轉注之法，爲個別之叚借義、引申義、甚或本義締造新字形，使其各有專司，以清涇渭。如由爰而造轅，由句而造鉤、笱、苟等字，由莫而造暮，由監而造鑑、臨字。就新造字形表面之本形、本音、本義觀之，絕大多數皆屬形聲字（註一七），然自其字之衍成論之，其義早有本字，若無轉注之法以分散其義，此形聲字無從出現。是故叚借、引申、轉注相輔相成，爲

文字形義衍化過程中，不可或缺之環節，當不容爭議。此外，因字形疑似易有混淆；因語言時空之改變，既有之字形不足以記錄變遷以後之語言；因無聲字於字形中無法讀出語言之聲時，亦在在透過轉注之道衍出新字以解其紛。如由凵而造去、⿱竹去，由𣎵而造欁、蘖等。歸納形聲字之形態，約可分爲象形加聲，由語言之孳乳而加形，由叚借而加形，从某某聲，本字爲引申義所專加形以明本義，本字爲叚借義所專加形以明本義（註一八）六類，除象形加聲中區別同類異形一端及从某某聲外，其餘數類皆係透過轉注衍成新字之面貌。

既然透過轉注與假借所衍生出來的後起字，都是形聲字，而「本有其字」的後起假借本字與原來所假借之聲符的假借義之間，又互相轉注，仍是一個轉注字，可見三者之間互爲因果，關係密切。中國文字能夠不脫離形義，又適切的紀錄語言，轉注、假借和形聲三書，應居首功。

註一：見魯實先先生假借遡原一書

註二：見戴師君仁梅園論學集「吉氏六書」一文

註三：見唐蘭中國文字學「文字的構成」十六「六技」

註四：依段注指出說文訓「以爲」的「本無其字」的假借字有來部來字云：「來，周所受瑞麥來麰也。二麥一夆，象其芒刺之形。天所來也，故爲行來之來。」烏部烏下：「烏，孝鳥也。孔子曰：烏，亏呼也。取其助气，故以爲烏呼。」 子部子下云：「子，十一月昜氣動，萬物滋，人以爲稱。」 鳥部鳳下：「朋，古文鳳，象形。鳳飛群鳥從巳萬數，故以爲朋黨字。」韋部韋下：「相背也。从舛口聲。獸皮之韋，可以束物，枉戾相韋背，故借以爲皮韋。」西部西下：「西，鳥在巢上也，象形。日在西方而鳥西，故因以爲東西之西。」由這六個字可以看到說文儘量希望能替假借義找出與本義的關係。事實上在這六個字中，除了以古文鳳作朋的假借字，容庚以爲朋黨字「金文作𠦃，象二系之形，一系三貝，蓋略五爲三也。說文無𠦃字。……朋友之朋，金文則从人从𠦃作𠈌。」應爲朋貝假借字之外。其餘五字都是假借而非引申。

註　五：朱駿聲說通訓定聲六書爻列假借下云：「敍曰：本無其字，依聲託事，令長是也。愚按漢書百官表：萬戶以上爲令，萬戶以下爲長。……攷西漢令長見於紀傳者甚少，後漢書則數數見矣。夫令者，發號也。鶡冠子云：令也者出制者也。長者高遠也。易繫辭爲長爲高。周禮太宰：長以貴得民。則令長正是六書之轉注。許君當曰：假借者，本無其意，依聲託字，朋來是也。」

註　六：吳敬恆說文解字詁林補遺敍曰：「字體譌奪，皆寫刻所不免，義解可通，尤易因仍，數手傳寫，足謬千載也。此即令良之譌令長。」又於附辨中云：「所以擇及於令良者，許君引令爲令善之義者，止人部俶字注：『俶，善也。詩曰：令終有俶。一曰始也。』訓俶爲善，雖接近於鄭箋之訓厚，然厚善自有差別。善之一義，必爲許君所承之古訓，取以隱析毛傳始也之義，置始爲第二義者也。……凡接近許君之學侶，必一見即知爲令良者。旣託令以良之事也。」

註　七：見弓英德六書辨正第七章「六書假借釋疑」

註　八：見王引之經義述聞卷三十二「經文假借」條下

註　九：見馬敍倫說文解字六書疏證卷廿九說文敍注

註一〇：見南洋大學李光前博物館文物彙刊創刊號李孝定「漢字史話」一文

註一一：見容庚中國文字學義篇第三章第七節叚借

註一二：見戴師中國文字構造論自序

註一三：見吳大澂說文古籀補附錄

註一四：見桂馥說文義證𢿱字下

註一五：引文从大小徐本，段氏改「一來二縫」爲「二麥一夆」，誤。

註一六：引文从小徐本，段氏誤改「古文以貞爲鼎，籀文以鼎爲貞」爲「古文以貝爲鼎，籀文以鼎爲貝」。

註一七：馬敍倫說文研究以爲透過轉注所造成之新字皆爲形聲字，竊以爲有可議者：其一：如形符部份不成文，由ㄥ造厷，由㓞造齒，於六書中僅爲增體象形與兼聲象形而不得視爲形聲。其二：或有將轉注所產生之新字釋爲會意字者。如由自造鼻，說文鼻下云从自畀，由句而造鉤拘笱苟等字，說文釋鉤拘笱爲會意兼聲，釋苟爲形聲。

註一八：參看龍宇純中國文字學第二章第四節及本書第七章。

# 第十章 結論—文字的發展

## 第一節 六書的發展

我們在討論六書的次第時候，曾經引用過弓英德先生的看法：「從造字的先後看，六書無所謂先後次第。」六書固然絕對不是造好第一類之後再造第二類，由此推及所有文字的肇造，在文字孳乳演化的過程之中，可以同時由六書中各式的方法來衍生無數的文字，見仁見智，端賴那些非一人一時一地造字的先民們主觀的取捨而已。所以從造字的角度，我們無法替它們訂出一個先後的次第來。但是從文字本身的發展來看，雖然有了合體的字以後，獨體的文仍然可以配合紀錄語言的需求陸續發生；從它們的結構說，文的出現早於字是無庸置疑的。依照這樣的脈絡，六書在發展的過程中，總不能一時蠭起，也應該有先來後到的差別的。龍宇純說：

六書非一朝同時出現，從第一法象形的發生，至最後一法形聲的完成，不僅經過悠長的歲月，彼此間大抵由甲而乙，由乙而丙漸次發展。……先是有由圖畫脫胎的象形，初有獨體，其後有合體。

前者如[篆][篆]，後者如[篆]。由象實物進而至於象虛形，於是獨體象形發展爲象意之「指事」，如由日月而[篆]□而二一；合體象形發展爲象意之「會意」，如由眉果而[篆][篆]而[篆][篆]。假借是倉卒間有意識的寫別字，其字等於音標，乃於象形系統之外另闢途徑。可能發生於象形字之旣有後不久，至遲在會意法產生，已有相當數量的文字而仍不能滿足記事記言的情況下，必當出現。其後有語言孳生與文字假借而形成之轉注，前者由眉而楣湄，由丩而[篆]糾；後者由不而丕，由鼎而鼐，由無而儛，由其而箕。至此，逐漸體會出「聲符」的妙用，象形字之有缺陷者，加注聲符爲之救，如[篆][篆][篆]，更創造出簡易完美的形聲，如江河。此後，可爲任何語言製字。不復有新的方法產生，卽其先所有象形象意之法而少使用，一般新增之字，不屬轉注，卽屬形聲。（註一）

由這樣的說明，於六書是以如何的方式先後展現在文字的舞台上有了認識。龍氏更用「六書發展圖」來作說明：

六書發展圖

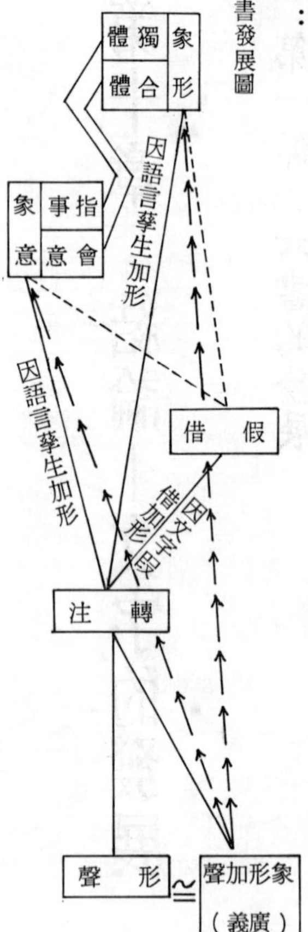


註　一　位置高低表發生先後
二　實線表發展關係
三　虛線表文字之運用
四　箭形虛線表附屬關係
五　≅ 表近似關係

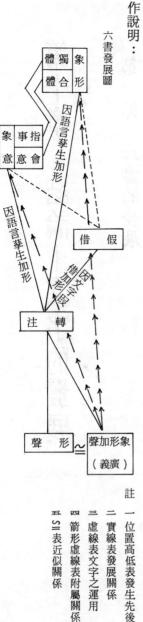

把六書發展的脈絡與方向掌握以後，對於文字孳生的途徑，當能有更仔細的體認，從而掌握文字繼續演化的方式。

現在我們就承著本文前面的篇章所敘述的概念，把由圖繪到形聲文字的發展脈絡整理出來。由於在個別的通釋中都已經有了詳細的析論，所以下文僅作綱要性的分析：

㈠圖繪本來講求的以逼眞爲主，在早期的文字中我們能看到不少以逼眞的描繪來表現的象形文字，如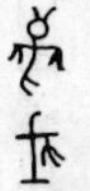等；可是既然當語言與圖繪結合，形成初文以後，爲了實用起見，逐漸簡單化、通俗化，甚至只剩下特徵——部分代體的象形——成爲象形的符號。

㈡實物形象的符號由紀錄具體實物本身的意義再去推申，實物背後所表示的抽象寓義也用這種方法來顯現，如等字，再進而乾脆用虛擬的符號來表識抽象的概念，純體的指事字因而產生。

㈢有些對具體實物的描繪比「單獨不可分的單獨整體」，要複雜一些，可是多出的部分還不夠形成另一初文的條件：如等，所多出的部分與所謂成文的部分都是描繪實物而合成一個整體，我們雖然也叫它作增形象形，但是造字的方法與純象形的字別無二例。但是如等字，當已經描繪的圖象或者不夠明確，或者容易其它的字相混，因而另外再上有辨別作用的形去作說明，而原有的圖形不成文，後加作說明用的形却是成文的，在字形的確定上透過了二個步驟，乃有眞正的增體象形字出現。既然用另外加形的方法可以解決象形的困擾，於是當抽象的意念無法用實物或虛擬的符號來表達時，造字的先民或使用一個成文的形象，再加上點畫來顯現事象、指出部位，如旦本等，衍出了增體指事；或變更成文形象的筆劃、位置，如夭與乚等，又有變體指事的出現；或省略成文形象的一部分以顯現動作、意念等，如凵、孑等而形成省體指事。

㈣當一些繁雜的圖繪，中間很明顯的含有二個以上的具體物象，在它們與語言結合變成文字的時候，就產生了以位見意的會意字。再繼續的發展，由拼合同體象形文的鬥，林及拼合異體象形字的莫進而到拼合二三個字去解釋說明新造成字的寓意，如公信而有順遞見意的會意字；再進而用二三個字的特質顯現出新造成的寓義，如教析乃成並峙見意的會意字。再到了後世，甚至利用字形的結構來象徵字意，如尖卡等字，結構上雖然和以位見意的會意字相似，但是構成的份子却不是圖繪。

㈤在文字仍在孳乳分化的時候，語言早已成熟，爲了紀錄語言，一個字在本義以外往往包含了好幾個由本義或引申義擴充出來的一連串的寓義。另外，當語言中有其聲，而以象形、指事、會意的方法都無法依其義而造字，在不得已的情況下，只得在旣有的文字中，去找一個同音字來取代；於是有些字除了引申義以外，又包含了僅以音同音近，而意義上毫不相關的假借義在內。而假借義又可以再去推申擴充，衍成新的引申義。引申、假借的途徑一開，造成字義的含混是必然的現象，但是文字旣然要紀錄語言、傳遞思想，要求每字意義的明確，是不容易忽視的，於是又利用增體象形中爲求明確而加形以別的方式，根據引申義或假借義的特性或類別，各自替原有的字再去加上辨義作用的形符，來顯現個別的引申義或假借義，甚或本義（註二），乃有初期的轉注字出現。由於轉注所形成的字，都被歸爲形聲字，我們也可以稱前者爲由文字的孳乳再加形的卽聲卽義形聲字，後者爲初有聲無形的以聲爲主形聲字。不過這時眞正的形聲字尙未產生。

㈥在初期轉注字出現以後，由於原來被引申或假借的字，正好紀錄了語言的聲音，於是從其中逐漸體會出聲符的用途，當過到同類異形的物，由象形只能顯現共象，如鳩鴿之類時，因而用這種新方法來造字，以共象表形，再加上聲符，形聲字於焉出現。進而再拿一體主形，一體主聲的方式的方式來表達抽象的事物，字乃無不可造。同時，當象形字意義不夠明確或容易和其他的字相混時，也有利用加上聲符的方式來註明音讀的，如，但在六書分類時，前者由於形符不成文，被視爲兼聲象形字，後者則被視爲象形加聲的以形爲主形聲字。而文字旣爲語言的紀錄，自然也要求它有明確的讀音，於是一些無音字，往往也加上了聲符，如等字。這二種情況都是中期的轉注字，或與形聲字同時發生，或略晚於形聲字。

㈦由於語言受時空的影響的變遷，文字爲紀錄語言，往往不得不隨之變遷，於是吳人讀父曰爸，乃在父下加巴聲以適應語言。關東曰逆，關西曰迎，於是一作屰聲，一作卬聲。由父而爸，由逆而迎，則爲後期的轉注字，出現在形聲字旣有之後。

另製由圖繪到形聲發展圖表，以爲以上七項說明的綱領。

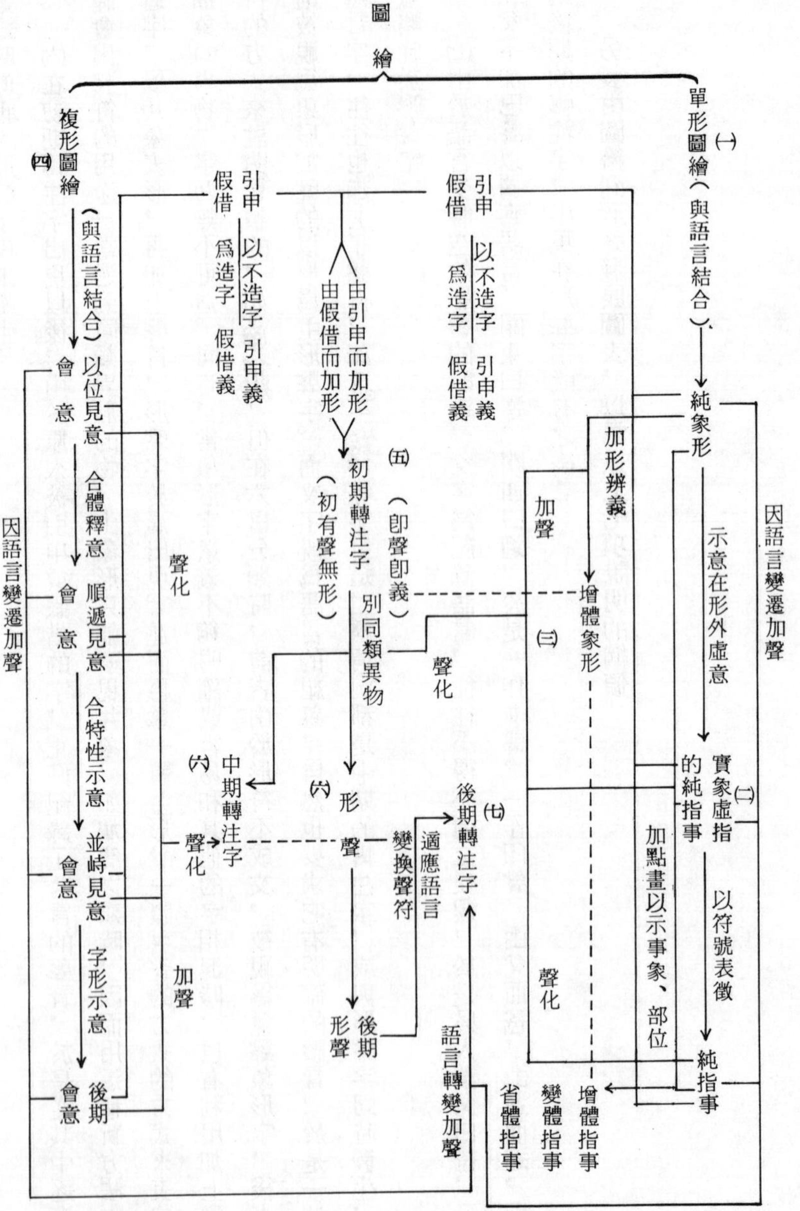

圖繪
(一)單形圖繪(與語言結合)
純象形
加形辨義
加聲
示意在形外虛意
(二)實象虛指的純指事
以符號表徵
加點畫以示事象、部位
純指事
(三)增體象形
聲化
增體指事
變體指事
省體指事
因語言變遷加聲
引申 假借 以不造字爲造字 引申義 假借義
由引申而加形
由假借而加形
(五)初期轉注字(初有聲無形)
(即聲即義)
別同類異物
聲化
(六)形聲
變換聲符
適應語言
後期形聲
(七)後期轉注字
語言轉變加聲
(四)複形圖繪(與語言結合)
引申 假借 以不造字爲造字 引申義 假借義
會意 以位見意
合體釋意
會意 順遞見意
合特性示意
會意 並峙見意
字形示意
會意 後期
聲化
(六)中期轉注字
聲化
加聲
因語言變遷加聲

## 第二節　字形的發展

文字陸續的造成以後，由於它被人們廣泛的使用，除了前節所論有時爲了別異或適應語言的緣故，常加形或加聲、易聲來改變形體以外，文字的形體本身也有演化變遷的痕跡，我們今天所使用的文字，從第一個初形到現在的變化已不知凡幾，但是從變遷的軌跡上去追尋，不外繁化和簡化二條途徑。李孝定說：

文字既是紀錄語言的符號，是一種大家傳播的工具，自然有一種「便」、「易」的要求。文字既是從圖畫演變而成，愈是早期的文字愈近於圖畫，爲了刻意求工，難免繁複，所謂「文字化」，便是化具體繁複的圖畫，爲抽象簡單的線條，那末文字之趨於簡化，是很自然的；而且也是從古至今不變的趨勢。但爲什麼又有繁化呢？這是在整齊劃一的要求下，產生一種相反的運動，簡化與繁化，看是矛盾，却是相輔相成的。原來早期文字中，也有極少數過於簡單的，爲求整齊劃一，過簡者便加以增繁，不過全部文字的演變，却是簡化的居多，而繁化的只是極少數而已。歷代書體中所產生的簡俗體字，都是在「便」「易」的心理要求下的自然產物，假如我們說，隸楷實在祇是大小篆的簡俗體字，也是大致不差的。我們根據文字演變的歷史，看文字的簡化，發現有一點現象值得注意，那是甲骨文金文小篆階段，演變得比較急速而劇烈，到了隸楷階段，它所包含的時間，幾乎是前三階段的總和，而其演變的程度，除了開始由大小篆變爲隸楷的階段，較爲劇烈外，一到楷書形成，其演變的程度，便顯著的逐漸減緩而趨於溫和，這是由於古代文字不定型，可塑性大，因之變的較快，及至文字漸趨定型，該改該簡的，早已改了簡了，假如爲之苟趨約易，便草率的大刀濶斧的加以再簡再改，便將面目全非，而致破壞文字的完美結構，並失去和固有文字的連繫，這一點也是談文字簡化時所該留意的。（註三）

對於文字簡化與繁化的原因與演變的方向，作了很清楚的說明。但是李氏以「全部文字的演變，却是簡化的居多，而繁化只是極少數而已」有可議者，這大約是李氏只將轉注字祇作「不過是爲了適應特殊目的，所造成的一小撮形聲字而已」的看法之所致。雖然今天由於形音義的變遷，在形聲字中究竟那些是由本字以別異而產生的轉注字，已經很難去一一辨識；但是透過朱駿聲說文通訓定聲的假借，我們還是可以找出不少假借在先，造字在後的轉注字。此外，形聲字中聲符兼義的字也不在少數，它們也應該是由引申再加形以別義的轉注字，何況還有中期及後期的轉注字呢？透過轉注所孳生的後起字，一定是繁化的字。又「文字的演變有兩個途徑，一是輕微地漸進地在那裡變異，一是鉅大的突然變化。」（註四）卽使在文字漸趨定型以後，由於約定俗成的關係，總還會有細微的變化在其中的。所以雖說不宜輕易去破壞這種定型，並不表示文字就此可以定於一尊，而不必再求發展。我們可以從魏晉以後的字書中發現，每個時期多少都會有些異體字、古今字，甚至俗字出現的。

# 一、繁化

歸納一下文字繁化的原則，大約有下列數端：

㈠增加筆畫：

1 在文字沒有定型以前，古文字的字形。筆畫，位置都不固定，一個字往往有好幾種寫法，於是當感覺到文字的形太簡單時，往往去增加筆畫，故「示」字由丅可發展出亍、示、示等字形；「十」字可由丨的初形加點成十，點又往兩側延伸而爲十；「兵」字由[字形]而[字形]，「帝」字由[字形]而[字形]，都是明顯的例子。

2 有時當一個字由於意義的推申，包含了好幾個引申義，於是用增加筆畫的方式來達成別異的要求，如段玉裁在亯下云：「其形薦神作亨，亦作享，飪物作亨，亦作亨；易之元亨則皆作亨，皆今字也。」蓋「亨」字由小篆亯隸變而來，「亨」「烹」字則以加減筆畫的方式達到了別異的目的，而亯則係古文的隸變。

㈡增加裝飾的部分

秦八體的蟲書，新莽八體的鳥蟲書，依照李孝定的看法是一種似美術字的字體，所以往往爲了裝飾的目的，而在文字上添加了鳥蟲的圓形，如王字作[字形]。（見越王矛）

㈢增加偏旁

1. 累增字　增加了偏旁而字義不變，如匜字在金文中有[glyph][glyph][glyph][glyph]等形，从金或从皿，一從器物的質料來作說明，一從器物的用途來作說明，所說明的無非都是「匜」的意義。

2. 分別文　也就是前節所說的由引申或假借的原因而去別異另造的初期轉注字。

3. 爲避免形體相混而加形　如「十」字甲文中作丨，「七」字原作「十」，「甲」字原亦作「十」，到了後來，由於增加筆畫的關係，「十」字也變作「十」，小篆爲了別異起見，乃以十的字形專記「十」義，而易「七」「甲」二字爲「[glyph]」「[glyph]」之形。

㈣增加聲符

也就是前節所說的中期轉注字及後期轉注字，或由避免形義相混而加聲，或由無聲字聲化而加聲，或由適應語言的變遷而加聲，或改變聲符。甚至有些字經過聲化後，又由於語言的變遷，再改變了聲符，如「[glyph]」字加聲符作「[glyph]」，後又因適應語言變遷，易㞢聲爲皮聲作「[glyph]」，由於形不明確，又易[glyph]爲足，成爲今日的「跛」字。

㈤類　化（註五）

語言學上有所謂的類化法（analogy），凡名詞的變化，動詞的變化，詞尾等，只要是同類的詞，其形式往往趨於一致。卽使從前是不一致的，或原始一致，後來變爲不一致，一般民衆受了心理上的影響，往往不知不覺地仍使它們成爲一致。中國語言裡沒有詞性的變化，所以類化法非常罕見。至於中國文字，却有不少類化的情形。其中有上下文的影響：例如「峨嵋」本作「蛾眉」（據說是因爲兩山相對如蛾眉），後來一般人覺得旣是山名，就寫作「峨眉」，眉字再受「峨」字的同化，所以就有人寫作「峨嵋」了。又如「家具」不知何時被人寫成「傢具」，後來「具」字受「傢」字的同化，有人竟寫作「傢俱」，其實「俱」字只有「皆」的意義。又中國字形的結構雖複雜，但是相近似的成分很多，因此甲字因爲受了乙字的同化，本來不相同的地方也會雷同起來。如「場」字右邊本從「昜」聲，但是因受了「傷」字的同化，所以有人寫作「塲」；「厚」字受「原」所同化，在日上誤加一撇作「厡」；「染」字爲「丸」所同化而誤作「染」，都是常見的例子。由於約定俗成的關係，這些由類化衍成的字，雖然不合六書，有時却在日久使用之後，取正體而代之，所以這一股文字變化的動因，也是我們不可忽視的。

## 二、簡化

簡化的情形也是在文字發生以後就有的現象。歸納一下簡化的原則，也有下列幾種：

㈠改圖繪式的象形字爲簡單化、通俗化的象形符號：這是由圖繪發展成文字必經的簡化程序，前節已有說明，這種簡化無非是爲了書寫及傳流的方便而起的。

㈡把筆畫太肥，不便刀筆使用的地方，用雙鉤或較瘦的筆畫表現出來：如「土」字甲文作，金文作，到了小篆乾脆作「土」形；「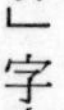」字本象人跽形，小篆易爲「」、「」二形。

㈢省去重複的部分

爲了書寫的方便，往往將字形繁複的部分以簡省。如甲文「」字作，後省作，金文作

，小篆作；「奔」字石鼓文作，金文省作，小篆作，其他如省作，都是常見的例子。

㈣創造新字

這也是後世異體字增加的重要因素。錢大昕云：

龍龕手鑑多收鄙俗之字，如⿱不少爲多，⿱不長爲短，甭爲棄，⿱不明爲暗，歪爲苦乖反，⿱不好爲烏怪反，⿱大衣爲寬，皆妄誕可笑，大約俗僧所爲也。（註六）

分析錢大昕所誌，多是以併合二字來解釋新字的會意方式，以取代較繁複的會意字或形聲字。但異體字增多的方法有四種：

1.替換象形加聲轉注字較複雜的形符及替換形聲字的形符。

如「蛛」字金文有等形，而「蛙」字甲文作，金文作，由於蛛與蛙之字形相近，於是各於其形上另加上朱聲與圭聲，而它們的形，倒是所象實物的本體。但到了小篆，蛛與蛙的形符由於同化作用的關係而相混，寫成了、，一眼看去，與後起形聲字相似。而當象形字用來作爲形聲字的形符的時候，往往已不是它的本義而被擴充爲類屬的表徵，鼅與鼃既然與虫類相近，乃易其形，爲「蛛」與「蛙」，於是其象形的情況，再也無從得知了。形聲字這種情況很多，如「蝯」易作「猿」，「貓」易作「猫」。

2.替換繁複的聲符

如說文酉部醻字下云：「醻 或从州」，而有酬形；醵下云：「醵或从巨」，另作𨡊形。都是使用一個較簡單的同音字來取代結體繁複的聲符。不過有些初期轉注字，聲符本來兼義，且爲字之初形，經過了聲符的代換，也就失掉了義的聯繫，如「鑑」字由監字孳乳而來，而後世易爲竟聲作「鏡」，就不如本來的字形能明確的顯現寓義了。

3. 用筆畫少的會意字代替筆畫多的會意字

如以「尘」代「塵」字，以「朵」代「糴」字，以「粜」代「糶」字，以「尠」代「尟」字等。

4. 用筆畫少的會意字代替筆畫多的形聲字

如以「泪」代「淚」字，以「岩」代「巖」字，以「灶」代「竈」字，以「皈」代「歸」字等。

註一：見龍宇純中國文字學第二章第四節「製字六書之發展」

註二：當本字爲引申、假借義所專用，於是不得不加形以明本義，如益既爲「有餘」的引申義所專，因而加水作「溢」以示水溢出的本義。莫既爲「勿」之假借義所專，因而加日作「暮」以示日暮的本義。

註三：見南洋大學李光前文物館編印文物彙刊第一期李孝定「漢字史話」

註四：見唐蘭古文字學導論下編己「字形演變的規律」

註五：有關字形類化的資料大部分摘自國文月刊第四十二期佚名著「中國文字及其音讀的類化法」一文。

註六：見錢大昕十駕齋養新錄卷四「宋時俗字」條下。

# 秦詛楚文

有秦嗣王敢用
吉玉宣璧使其
宗祝邵鼛布愍
告于不顯大神（即玉）
巫咸及大沈久
湫以底楚王熊（史記楚世家 熊槐作熊相小異）
相之多辠昔我

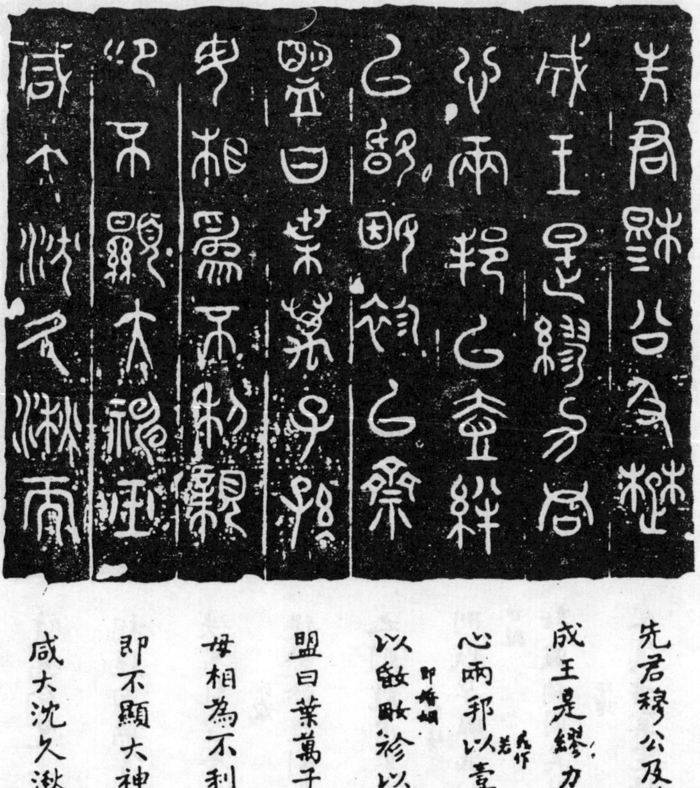

先君穆公及楚
成王是繆力同
心兩邦以（或作若）壹絆
以敯（即婚）敃（姻）袗以齋（即齋）
盟曰葉萬子孫
毋相為不利親
即不顯大神巫
咸大沈久湫而

質爲今楚王熊
相康回無道淫
佚甚亂宣夸競
從變輸(即渝)盟制內
之則虣虐不辜
刑戮孕(即婦)敄幽刺
(即親)親戚拘圉其叔
父寘者(即諸)冥室櫝

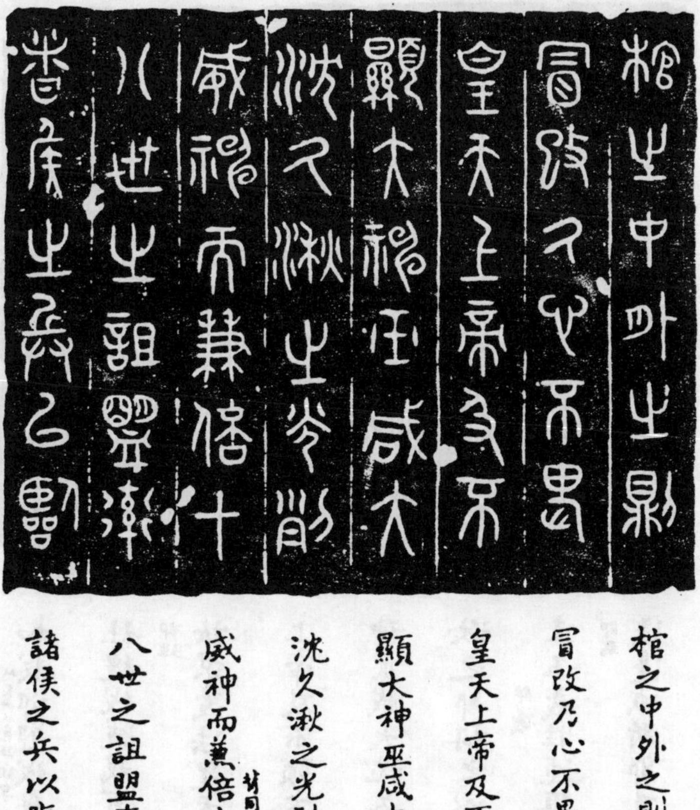

梏之中外之則
冒改乃心不畏
皇天上帝及不
顯大神巫咸大
沈久湫之光烈
威神而兼倍（背同）十
八世之詛盟率
諸侯之兵以臨

加我郤鄭伐我（郤字釋文作欲、从欠从谷从邑非欲字）
社稷伐滅我百
⿰牜女（印姓）求蔑法皇天
上帝及不顯大
神巫咸大沈久
湫之郇祠之以
圭玉羲（印犧）牲述取
遠（印戴）邊城新郢及

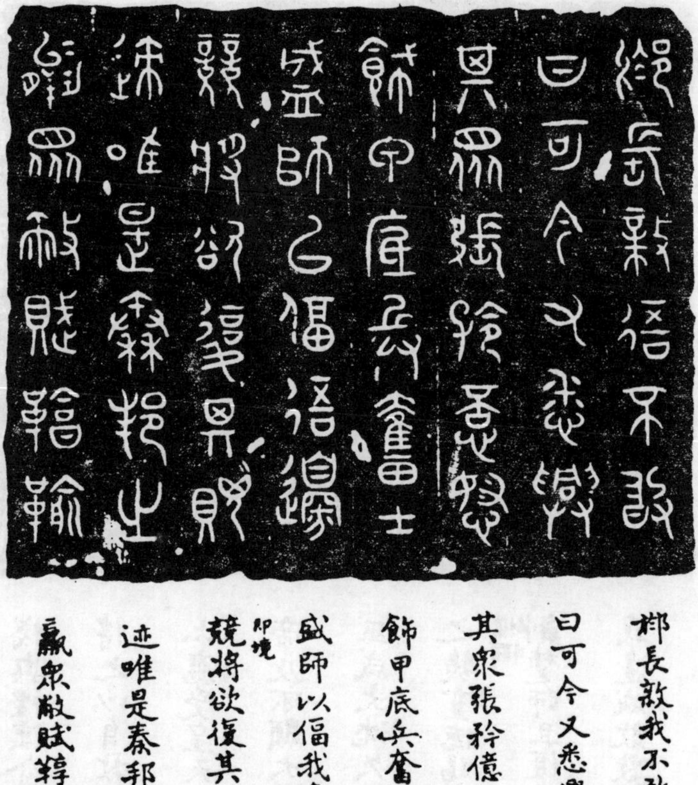

郴長敹我不敢
曰可今又悉興
其衆張矜億怒
飾甲底兵奮士
盛師以偪我邊
競將欲復其兇（即境）
迹唯是秦邦之
羸衆敝賦鞈輸

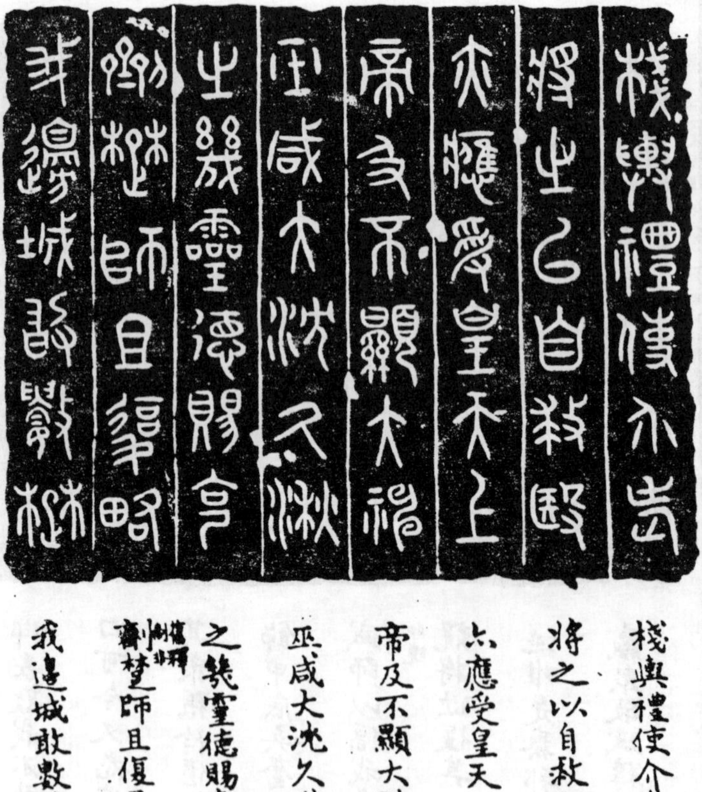

栈輿禮使介老
將之以自救也
亦應受皇天上
帝及不顯大神
巫咸大沈久湫
之幾靈德賜克
齋（舊釋劑非）楚師且復略
我邊城敢數楚

王熊相之倍盟
犯詛著石章以
盟大神之威神

詛楚文詞氣橫縱佀國策篆法淳古佀鐘鼎有議為僞者非也集古錄王伯順云詛楚文凡三曰久湫曰亞咸曰亞駝其詞則一惟告於神者隨號而異史記世家年表秦自穆公十八世惠文王與楚懷王同時爭霸此詛為懷王也懷王十一年六國攻秦楚為從長此文曰熊相率諸侯之兵以臨加我是也後五年張儀以商於之地欺楚絕齊楚發兵攻之曰偪我邊境是也是歲秦遣庶長章拒楚文曰使介老將之以自救是也此文之作當在惠王後九十三年

## 第一節 獵碣摹補

遾車既工遾馬既同遾車
既好遾馬既駘君子員邋
員斿麀鹿速=君子之求
角弓=茲以寺遾敺其特其
來趩=𢐭=炱=即遾即時麀鹿
趚=其來大次遾敺其樸其
來遭=射其豬蜀

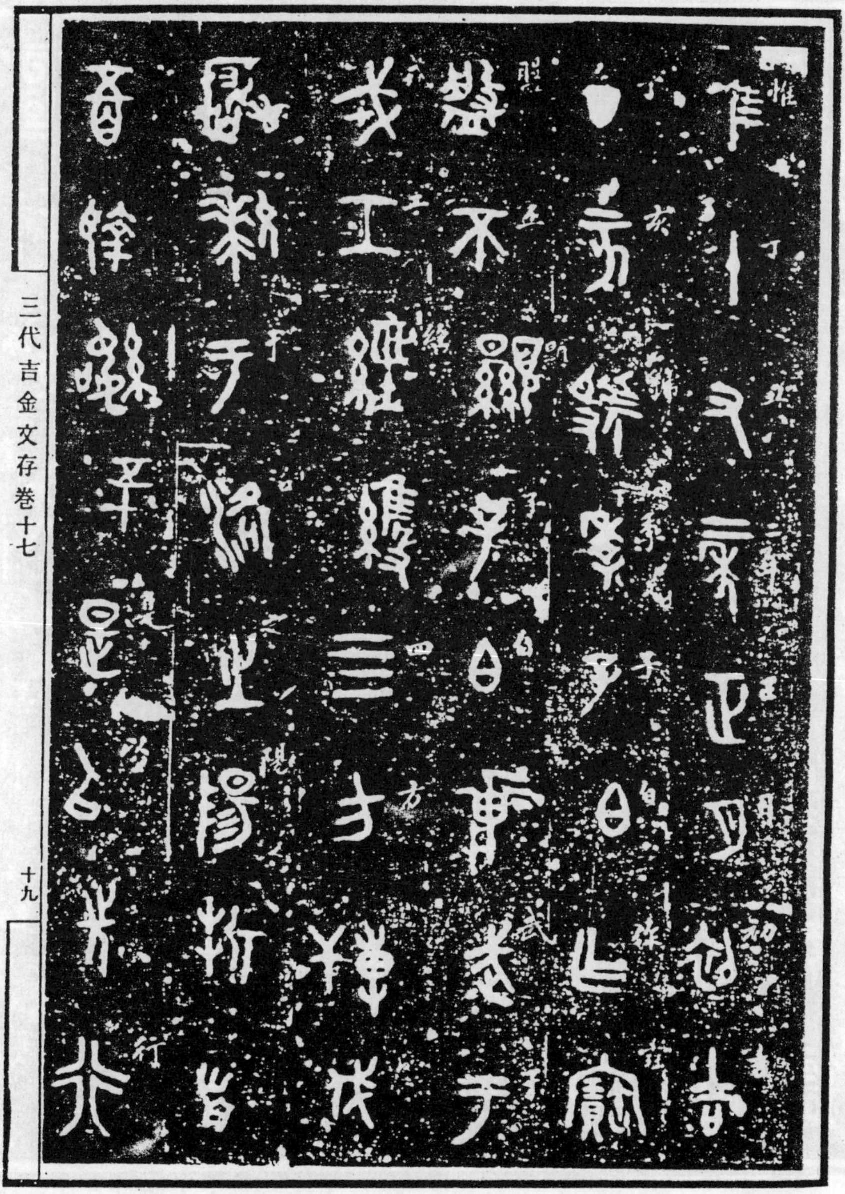
三代吉金文存卷十七
十九

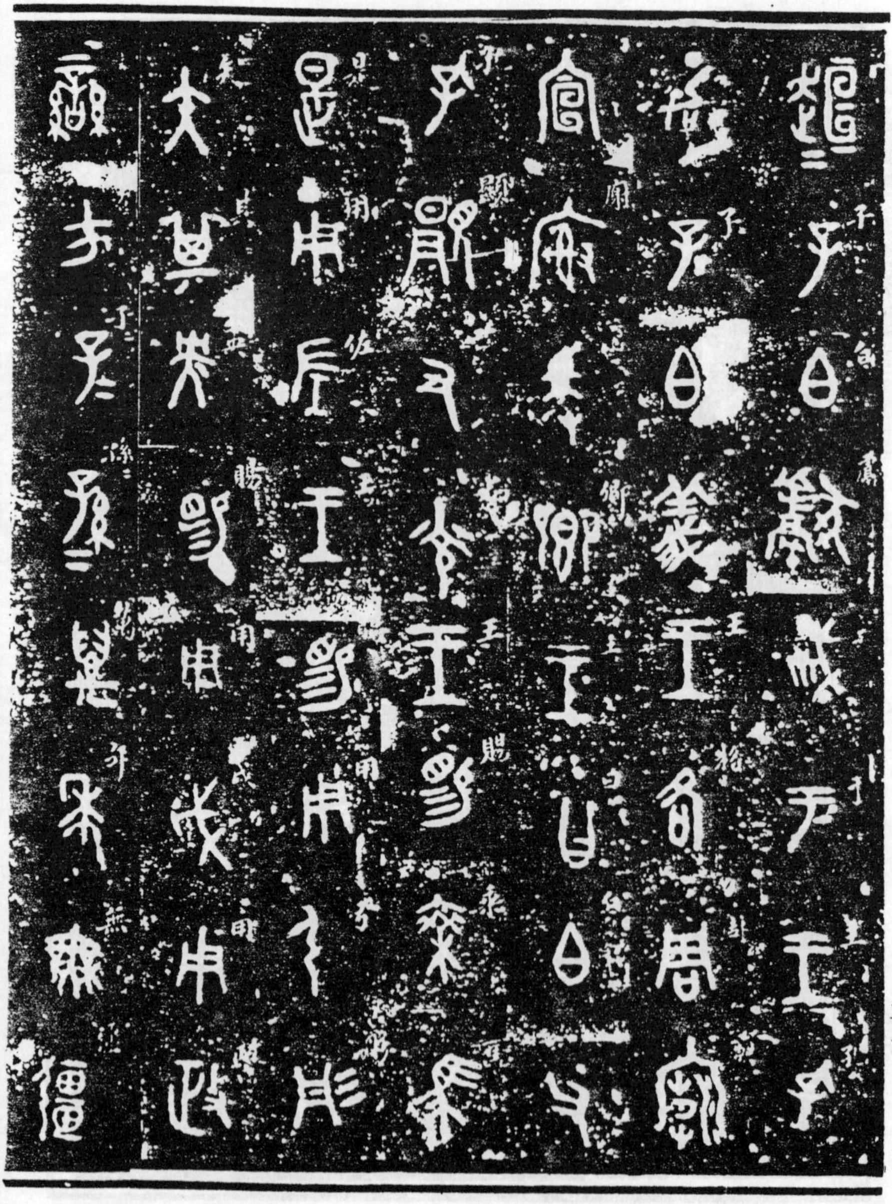

# 引用及參考書目


尚書釋義　屈萬里　華岡出版部

詩經釋義　屈萬里　華岡出版部

周禮注疏　漢鄭玄注　唐賈公彥疏　藝文印書館

儀禮注疏　漢鄭玄注　唐賈公彥疏　藝文印書館

春秋經傳集解　晉・杜　預　新興書局

論語正義　清・劉寶楠　世界書局

孟子正義　清・焦　循　世界書局

爾雅注疏　晉郭璞注　宋邢昺疏　藝文印書館

經義述聞　清・王引之　廣文書局

經學通論　清・皮錫瑞　河洛圖書出版社

兩漢經學今古文之平議　錢　穆　三民書局

說文繫傳　宋・徐　鍇　華文書局

說文解字注　清・段玉裁　藝文印書館

| | | |
|---|---|---|
| 說文解字注箋 | 清・徐灝 | 廣文書局 |
| 說文解字義證 | 清・桂馥 | 廣文說文叢刋第一輯 |
| 說文釋例 | 清・王筠 | 商務國學基本叢書 |
| 說文句讀 | 清・王筠 | 廣文說文叢刋第一輯 |
| 說文通訓定聲 | 清・朱駿聲 | 藝文印書館 |
| 說文解字詁林 | 丁福保 | 商務印書館 |
| 說文解字六書疏證 | 馬敍倫 | 鼎文書局 |
| 說文解字綜合的研究 | 顧　丞 | 文海出版社 |
| 說文解字綜合研究 | 江舉謙 | 東海大學 |
| 說文類釋 | 李國英 | 自印本 |
| 說文解字古文釋形考述 | 邱德修 | 學生書局 |
| 說文重文形體考 | 許錟輝 | 文津出版社 |
| 中國文字學 | 顧　實 | 商務印書館 |
| 中國文字學形義篇 | 朱宗萊 | 學生書局 |
| 中國文字學 | 容　庚 | 廣文書局 |
| 中國文字學 | 唐　蘭 | 樂天出版社 |

| | | |
|---|---|---|
| 中國文字學纂要 | 蔣伯潛 | 正中書局 |
| 中國文字學 | 汪國鎮 | 商務印書館 |
| 文字學發凡 | 馬宗霍 | 鼎文書局 |
| 文字學 | 衞聚賢 | 石室 |
| 中國文字學通論 | 謝雲飛 | 學生書局 |
| 文字學概說 | 林景伊 | 正中書局 |
| 中國文字（增訂本） | 龍宇純 | 學生書局 |
| 中國文字學 | 潘重規 | 東大圖書公司 |
| 文字學論叢 | 杜學知 | 正中書局 |
| 中國文字學叢談 | 蘇尚耀 | 文史哲出版社 |
| 中國文字學 | 劉國祥 | 天工書局 |
| 中國文字學史 | 胡樸安 | 商務印書館 |
| 古文字學導論 | 容　庚 | 樂天出版社 |
| 比較文字學概論 | Edw. clodd 著 林祝敔譯 | 商務人人文庫 |
| 六書辨正 | 弓英德 | 商務人人文庫 |
| 六書商榷 | 帥鴻勳 | 正中書局 |

| | | |
|---|---|---|
| 六書發微 | 方遠堯 | 商務人人文庫 |
| 六書今議 | 杜學知 | 正中書局 |
| 六書原理 | 江舉謙 | 東海大學 |
| 說文初文六書分類考辨 | 陳堯楷 | 輔大中研所 |
| 會意研究 | 陳光政 | 啓聖圖書公司 |
| 形聲多兼會意考 | 黃永武 | 文史哲出版社 |
| 假借遡原 | 魯實先 | 文史哲出版社 |
| 中國文字構造論 | 戴師靜山 | 世界書局 |
| 中國字例 | 高鴻縉 | 廣文書局 |
| 漢字三論 | 杜學知 | 藝文印書館 |
| 字例略說 | 呂思勉 | 商務人人文庫 |
| 文字蒙求 | 王　筠 | 文光圖書公司 |
| 文字新詮 | 陳　氏 | 中國語文研究中心 |
| 今字解剖 | 王有宗 | 商務人人文庫 |
| 方言疏證 | 清・戴震 | 中華書局 |
| 集韻 | 宋・丁度等 | 商務萬有文庫 |

中國語與中國文　高本漢著　張世祿譯　文史哲出版社
古漢語通論　王　協　泰順書局
漢語史稿　王　協　泰順書局
中國語文研究　周法高　華岡出版部
說文古籀補　吳大澂　商務叢書集成
說文古籀補補　丁佛言　藝文印書館
說文古籀三補　強運開　商務印書館
金文編　金文續編　容　庚　樂天出版社
金石字鑑　高田忠周　中新書局
積古齋鐘鼎彝器款識　阮　元　後知不足齋叢書　華文書局
綴遺齋彝器考釋　方濬益　台聯國風出版社
海外中國銅器圖錄　陳夢家　台聯國風出版社
金文釋例　胡自逢　文史哲出版社
石鼓通考　那志良　中華叢書
先秦石鼓存詩考　張光遠　中華大典編印會
先秦泉幣文字辨疑　張光裕　台大文史叢刊

增訂殷虛書契考釋　羅振玉　藝文印書館
甲骨學文字編　朱芳圃　商務印書館
甲骨文字集釋　李孝定　史語所專刊之五十
殷虛卜辭綜述　陳夢家　大通書局
史籀篇證序　王國維　觀堂集林　世界書局
戰國時秦用籀文六國用古文說　王國維　觀堂集林　世界書局
古代東西土古籀文不同考　金建德　文潤學報三卷一期
小學發微補　劉師培　劉申叔先生遺書　京華書局
中國文字的起源　董作賓　大陸雜誌五卷十期
漢字史話　李孝定　南洋大學文物彙刊創刊號
文字的演進與六書　董同龢　董同龢先生語言學論文選集
假借字問題　董同龢　董同龢先生語言學論文選集
六書古義　張政烺　史語所集刊第十本
討論六書班許次第　張政烺　史語所集刊第十四本
許愼之六書說　高師仲華　高明小學論叢　黎明文化事業公司
六書篆變釋例　弓英德　中興大學學術論文集刊第一期

重論石鼓的時代　戴師靜山　梅園論學集　開明書店

部分代全體的象形　戴師靜山　梅園論學集　開明書店

同形異體　戴師靜山　梅園論學集　開明書店

吉氏六書　戴師靜山　梅園論學集　開明書店

耒耜考　徐中舒　史語所集刊二本一分

釋虎　金祥恆　中國文字第一期

中國文字及其音讀的類化法　佚名　國文月刊合訂本　泰順書局

史記　鼎文書局

漢書　鼎文書局

後漢書　鼎文書局

隋書　鼎文書局

通志　宋・鄭樵　新興書局

墨子閒話　清・孫詒讓　新編諸子集成　世界書局

荀子集解　清・王先謙　藝文印書館

文心雕龍校箋　楊勇　明倫出版社

戴震文集　清・戴震　華正書局

顏氏家訓彙注　周法高撰輯　台聯國風出版社
夢溪筆談　宋・沈括　商務人人文庫
困學紀聞　宋王應麟撰　清翁元圻注　商務萬有文庫
日知錄　清・顧炎武　明倫出版社
東塾讀書記　清・陳澧　廣文書局
十駕齋養新錄　清・錢大昕　商務萬有文庫
章氏叢書　章太炎　世界書局
黃侃論學雜著　黃　侃　中華書局